新能源汽车专业技能型紧缺人才培养规划教材

Xinnengyuan Qiche Dianqi Xitong Jianxiu
新能源汽车电气系统检修

万艳红　郝　义　**主　编**
苏志和　刘付金文　梁凤卿　**副主编**

人民交通出版社股份有限公司
China Communications Press Co.,Ltd.

内 容 提 要

本书为新能源汽车专业技能型紧缺人才培养规划教材之一。全书共5个项目(10个学习任务),内容主要包括:新能源汽车 PDI、新能源汽车高压安全设计及检验、新能源汽车空调系统检修、新能源汽车逆变器检修和新能源汽车 CAN-BUS 数据传输系统检修。

本书可作为职业院校新能源汽车专业(方向)的教学用书,也可作为新能源汽车服务企业技术人员的培训用书。

图书在版编目(CIP)数据

新能源汽车电气系统检修/万艳红,郝义主编. —北京:人民交通出版社股份有限公司, 2019.8
ISBN 978-7-114-15596-3

Ⅰ. ①新… Ⅱ. ①万… ②郝… Ⅲ. ①新能源—汽车—电气系统—检修—职业教育—教材 Ⅳ. ①U472.41

中国版本图书馆 CIP 数据核字(2019)第 111795 号

书　　名:	新能源汽车电气系统检修
著 作 者:	万艳红　郝　义
责任编辑:	翁志新
责任校对:	张　贺　宋佳时
责任印制:	张　凯
出版发行:	人民交通出版社股份有限公司
地　　址:	(100011)北京市朝阳区安定门外外馆斜街3号
网　　址:	http://www.ccpress.com.cn
销售电话:	(010)59757973
总 经 销:	人民交通出版社股份有限公司发行部
经　　销:	各地新华书店
印　　刷:	北京市密东印刷有限公司
开　　本:	787×1092　1/16
印　　张:	8.5
字　　数:	142 千
版　　次:	2019 年 8 月　第 1 版
印　　次:	2019 年 8 月　第 1 次印刷
书　　号:	ISBN 978-7-114-15596-3
定　　价:	22.00 元

(有印刷、装订质量问题的图书由本公司负责调换)

新能源汽车专业技能型紧缺人才培养规划教材编委会

主　任

　　叶军峰(广州市轻工技师学院)
　　蔡昶文(广州市交通技师学院)

副主任

　　万艳红(广东省轻工职业技术学校)
　　王长建(广州市白云工商技师学院)
　　毛　平(广州市轻工技师学院)
　　尹向阳(广州市机电技师学院)
　　王尚军(广州市交通技师学院)
　　刘小平(广州欧伟德教学设备有限公司)
　　刘炽平(广州市工贸技师学院)
　　严艳玲(广东省轻工业技师学院)
　　杨子坤(广州市公用事业技师学院)
　　周其江(肇庆市技师学院)
　　胡军钢(广州市技师学院)

委　员

　　冯月崧、廖毅鸣、陈伟儒(广州市轻工技师学院)
　　罗　英、黄辉镀(广州市技师学院)
　　陆海明(广州市机电技师学院)
　　颜　允、何越瀚(广州市公用事业技师学院)
　　谢金红、陈林锋、钟贵麟、蒙承超(广东省轻工业技师学院)
　　刘付金文(广东省轻工职业技术学校)
　　黄健龙(肇庆市技师学院)
　　龙纪文(广州欧伟德教学设备有限公司)

秘　书

　　翁志新(人民交通出版社股份有限公司)

随着我国《节能与新能源汽车产业发展规划(2012—2020年)》的发布实施,政府各项扶持政策的出台,新能源汽车推广应用的步伐逐渐加快,企业也加大了对新能源汽车的投入,各大汽车厂商纷纷推出新能源车型。未来几年是新能源汽车的快速增长期,社会对掌握新能源汽车技术的技能型人才需求将不断增加。当前,新能源汽车专业技能型人才的缺口很大,是名副其实的"紧缺"人才。职业院校作为技能型人才培养的主体,为行业培养和输送急需的技能人才,责无旁贷。

近年来,不少开设汽车类专业的职业院校新增了新能源汽车运用与维修专业(方向),但适合教学的专业教材少之又少。2017年,广东省的十几所高级技工学校(技师学院)、中职学校在经过了大量调研和多次研讨之后,决定联合人民交通出版社股份有限公司及相关企业,成立"新能源汽车专业技能型紧缺人才培养规划教材编委会",编写出版"新能源汽车专业技能型紧缺人才培养规划教材"。同年9月,编委会成员在广州市轻工技师学院召开了教材编写启动会,确定了整套教材的课程体系、名称、编写大纲及编写分工。

本套教材紧紧围绕新能源汽车的核心技术——"三大电"(电池、电机、电控)和"三小电"(电控空调、电控转向、电控制动),重视基础、强化实践,并注重培养学生的安全观念、职业素养和学习能力,力争使学生成为具有可持续发展能力的高素质技能型人才。

本书是本套教材中的一本,其编写分工如下:万艳红、刘付金文编写了绪论、项目四;郝义、梁凤卿编写了项目一、项目三;苏志和编写了项目二、项目五。全书由万艳红、郝义统稿并担任主编。

限于编者水平,书中难免有错误和疏漏之处,恳请广大读者提出宝贵意见,以便进一步修改完善。

新能源汽车专业技能型紧缺人才培养规划教材编委会
2019年3月

目录

绪论 ··· 1

项目一　新能源汽车 PDI ·· 4
　学习任务 1　纯电动汽车 PDI ··· 4
　学习任务 2　混合动力电动汽车 PDI ·· 20

项目二　新能源汽车高压安全设计及检验 ··· 33
　学习任务 3　纯电动汽车高压互锁检查 ·· 33
　学习任务 4　混合动力电动汽车绝缘不良故障诊断 ······························· 52

项目三　新能源汽车空调系统检修 ··· 61
　学习任务 5　电动空调不制冷故障诊断 ·· 61
　学习任务 6　电动空调制冷量不足故障诊断 ··· 71
　学习任务 7　空调系统不制暖故障诊断与排除 ····································· 82

项目四　新能源汽车逆变器检修 ··· 91
　学习任务 8　充电警示灯常亮故障诊断 ·· 91
　学习任务 9　逆变器内部温度异常故障诊断 ·· 106

项目五　新能源汽车 CAN-BUS 数据传输系统检修 ······························· 114
　学习任务 10　CAN-BUS 系统检修 ··· 114

参考文献 ··· 130

绪 论

一、新能源汽车电气系统的发展方向

汽车是现代社会中最重要的交通工具之一。近年来,随着电子技术、计算机技术和信息技术的广泛应用,汽车工业也有了新的发展方向:集成化、智能化、网络化。

新能源汽车的电气系统是在传统汽车的原有电气系统基础上,进一步拓展了更多的设备和功能,如图0-1所示。

1. 纯电动汽车

在纯电动汽车的低压电气部分增加了高压附件设备控制回路,相应地在组合仪表上有了新设计。新增的高压电气部分,例如动力蓄电池、电驱动系统、DC/DC转换器、空调、充电系统、高压电安全管理系统都是全新的。另外,CAN通信信息网络系统更是增添了各个系统之间的通信、协调功能。

2. 混合动力电动汽车

车身电气部分增加了新功能,例如带转换器的逆变器、变频空调等。动力系统的电气部分变得更加复杂,例如混合动力控制器、VVT-i反馈控制等。同时还配备了高压电安全管理系统、MPX多路通信系统,以增进各系统的协同工作。

二、课程内容设计

建议学习本套教材中《新能源汽车概论》和《新能源汽车高压安全与应急处理》等课程后,再展开本课程的学习。

在新能源汽车众多的设备和功能中,本课程选取了新能源汽车PDI、高压安全设计及检验、新能源汽车空调系统检修、逆变器检修、CAN-BUS数据传输系统检修共5个领域的10个典型学习任务。以上任务是基于实际工作分析而归纳的典型工作。具体教学建议见表0-1。

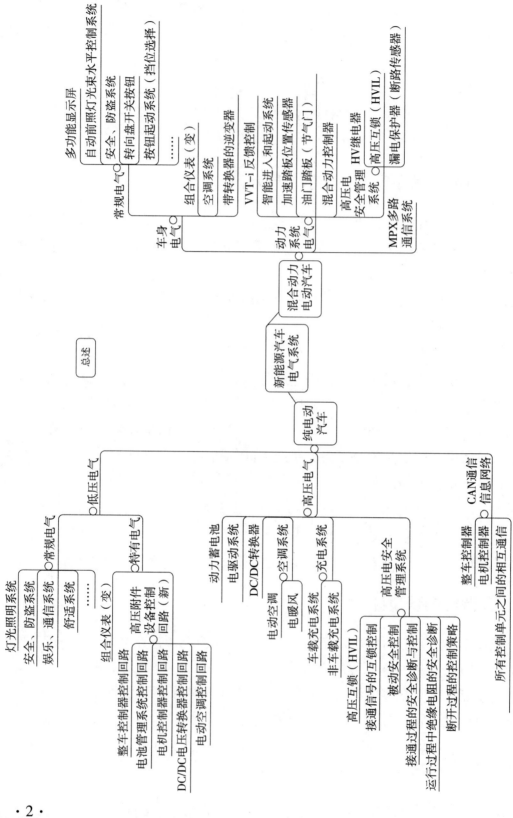

图 0-1 新能源汽车电气系统的知识点框架图

课程学时分配表 表 0-1

项　　目	学 习 任 务	课时分配
绪论		2
新能源汽车 PDI	纯电动汽车 PDI	6
	混合动力电动汽车 PDI	6
高压安全设计及检验	纯电动汽车高压互锁检查	8
	混合动力电动汽车绝缘不良故障诊断	4
空调系统检修	电动空调不制冷故障诊断	8
	电动空调制冷量不足故障诊断	6
	空调系统不制暖故障诊断与维修	6
逆变器检修	充电警示灯常亮故障诊断	6
	逆变器内部温度异常故障诊断	6
CAN-BUS 数据传输系统检修	CAN-BUS 系统检修	12
合　　计		70

三、课程目标设计

通过本课程的学习,将对新能源汽车的电气系统检修有一个全面的认知。

(1)掌握新能源汽车专用工具和专用设备的安全使用规程,贯彻检修现场的 5S 管理。

(2)能够根据故障码,查找故障部件并更换。

(3)会正确查阅维修手册及其他资料。

(4)通过团队分工合作,可以制订完整的故障排除任务实施方案。

项目一　新能源汽车 PDI

本项目主要学习新能源汽车 PDI 的步骤及注意事项,分为两个任务:
学习任务 1　纯电动汽车 PDI;
学习任务 2　混合动力电动汽车 PDI。
通过学习,掌握新能源汽车 PDI 的步骤,能进行新车检查。

学习任务 1　纯电动汽车 PDI

学习目标

1. 能说出 PDI 的定义、作用和工序;
2. 能熟练对纯电动汽车进行 PDI。

建议课时

6 课时。

任务描述

　　一批北汽生产的纯电动汽车 EV200 昨天到店,销售经理请你帮忙对这批新车进行检查,作为新能源汽车修理工的你如何对新车进行 PDI?

一、信息收集

(一)PDI 的定义

车辆出厂后,因工厂到销售服务商之间的运输和销售前的保管过程中有可能会发生车体污损等初期故障,所以在向客户交车前,销售服务商有义务检查车辆是否存在质量问题,确保车辆完好无损后交车,这项工作被称为 PDI(Pre-Delivery Inspection),即新车交车前检测。

(二) PDI 的作用

新车从生产厂到达经销商处经历了长途运输和长时间的停放(图1-1),因此,为了向顾客保证新车的安全性和原厂性能,PDI 检查必不可少。

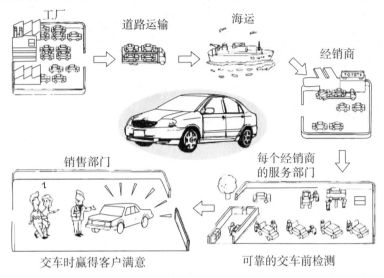

图 1-1　新车的运输流程

越是高档车辆,其电子化程度越高,PDI 的检测项目也越多。未做 PDI 的新车,很多系统没有被激活,强行使用会导致功能不全,甚至会严重损害车辆,给车辆及驾驶员的安全造成危害。PDI 检查项目范围很广,其中包括一些细微的检查,如蓄电池是否充放电正常、钥匙记忆功能是否匹配、舒适系统是否激活、仪表灯光功能是否设置到原厂要求等。PDI 的目的是向顾客确保车辆的安全性和驾驶的舒适性。

(三) PDI 的工序

1. 验证车辆明细资料及随车物品

车辆明细资料主要包括车辆品牌、车型、规格、颜色、发动机号码、车架号等信息。随车物品包括车辆手续资料和随车工具。车辆手续资料包括货物进口证明书(进口车)、进口车辆随车检验单(进口车)、车辆安全性能检验证书、拓印(车辆铭牌、发动机号、车架号等的拓印)、运单、新车点检单等。随车工具通常包括车主手册、保修手册、备胎、钥匙、工具包、点烟器等。

2. 将车辆恢复到工作状态

将车辆恢复到工作状态的流程如图1-2所示。

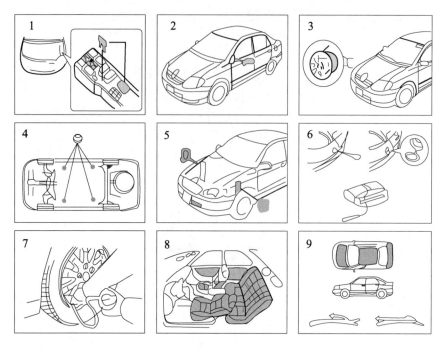

图 1-2 车辆恢复到工作状态流程图

1-安装主要熔断丝;2-安装外后视镜;3-从制动器盘上拆下防锈盖;4-安装橡皮车身塞;5-取下前弹簧衬垫;6-取下紧急拖车环;7-调整轮胎气压;8-除去不需要的标签、标志、贴纸及盖;9-剥除车身防护膜

3. 车辆性能检查

车辆性能检查如图1-3所示。

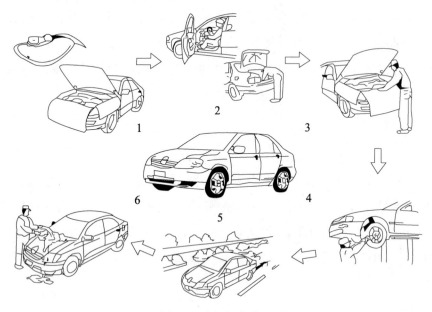

图 1-3 车辆性能检查

1-准备作业;2-环车检查;3-发动机舱检查;4-底盘检查;5-道路测试;6-最终检查及清洁

(四) 纯电动汽车 PDI 内容指导书

1. 基本检查

基本检查见表 1-1。

基本检查　　　　　　　　　　　　　　　　　　表 1-1

序号	检查内容	缺陷特征	操作	方式
1	合格证与车身或 VIN 码相符性	合格证与车身或 VIN 码信息不符	对比车辆合格证和 VIN 码信息	目测
2	油漆(含车门、三盖、保险杠)	碰瘪、凹点、凸点、针眼、划伤、色差、疵点、气泡、裂纹、斑点	在灯光下观察油漆外观	目测
3	倒车雷达	感应器漏装或脱落	观察倒车雷达感应器	目测
4	饰条、徽标、字饰	划伤、脱落、错贴、漏贴、歪斜	1. 观察各饰条和徽标、字饰的外观及标贴； 2. 观察字饰、徽标是否正确	目测
5	前后风窗玻璃、橡胶密封条	开裂、密闭差	1. 观察前后风窗玻璃表面； 2. 观察橡胶密封条	目测
6	门窗玻璃、导向槽	开裂、锈蚀、徽标不一致	1. 观察门窗玻璃表面； 2. 检查左前、右前玻璃徽标是否一致，左后、右后玻璃徽标是否一致	目测
7	天窗、天线插座	装配不到位、脱落	1. 开足车门检查限位； 2. 检查销钉是否到位功能	目测
8	车门限位器和固定销	车门限位器失效、异响	1. 开足车门检查限位； 2. 检查销钉是否到位功能	操作、目测
9	轮胎、轮毂及气压(含胎压调整和标定)	漏气、四轮花纹不一致、轮毂不一致、气压低于要求	1. 测量轮胎气压(轮胎气压表)出库放气至半载气压，入库充至规定存储气压(轮胎充气机)； 2. 新车销售交车前，先按照副驾驶位门框上标准胎压值调整胎压； 3. 观察轮胎花纹及轮毂	仪器检测、目测

2. 机舱内检查

机舱内检查见表 1-2。

机 舱 内 检 查　　　　　　　　　　　　　　　表 1-2

序号	检查内容	缺陷特征	操作	方式
1	电器盒线束及卫生情况	电器盒线束杂乱、有污渍等	1. 整理电器盒线束； 2. 清理杂物	操作

续上表

序号	检查内容	缺陷特征	操 作	方式
2	12V 蓄电池	1. 接线柱有硫化现象; 2. 接线柱螺栓松动; 3. 电压低于 12V	1. 清理接线柱硫化物; 2. 紧固螺栓; 3. 测量并记录蓄电池的电压(万用表)	操作、目测
3	电线束防护和插接件	电线束防护和插接件松脱	紧固电线束防护和插接件	操作、目测
4	电机控制器	脏污、异响	1. 清洁电机控制器表面污渍; 2. 听电机控制器的声音	耳听、操作
5	转向助力液、制动液、洗涤液等	漏液、渗液、液面偏低	观察各壶内液面高度	目测
6	驱动电机固定螺栓	松动、生锈	清洁、紧固	操作
7	喇叭、转向机构	1. 喇叭不响; 2. 转向齿轮有异响	1. 测量喇叭声音的分贝; 2. 听转向器的声音	耳听、操作

3. 内饰检查

内饰检查见表 1-3。

内 饰 检 查　　　　　　　表 1-3

序号	检查内容	缺陷特征	操 作	方式
1	内饰板、密封条	渗水、污损、划伤、松脱、色差、花纹配套不一致	观察门内饰板,前柱、中柱、后柱及相关内饰件表面及缝隙	目测
2	车顶饰板、遮阳板、车顶拉手	渗水、污损、划伤、松脱、色差、花纹配套不一致;毛边外漏、起皱、装配不到位、车顶拉手不复位	1. 观察车顶饰板,尤其是与前柱、中柱、后柱等相关内饰连接处及天窗周围; 2. 观察车顶拉手并拉放一次	目测、操作
3	仪表、仪表板、安全气囊外盖、车内后视镜	装配不到位、起皱、损坏、色差、污损、划伤、后视镜无法调节、安全气囊表面损坏	1. 观察仪表总成及仪表台外观; 2. 调节后视镜位置,观察后视镜表面; 3. 观察安全气囊外观	目测、操作
4	内饰装饰面板、空调操作面板、各种开关及面板	划伤、松动、色差、花纹不一致、装配不到位	1. 观察内饰装饰面板表面; 2. 观察空调操作面板与各种开关及面板表面	目测、操作

项目一　新能源汽车PDI

续上表

序号	检查内容	缺陷特征	操 作	方式
5	座椅外观、头枕、座椅面料	划伤、起皱、污损、色差、面料不一致、头枕无法调节	1. 观察前座座椅外观及头枕,调节头枕; 2. 观察后座座椅外观及头枕,调节头枕; 3. 调节后座翻转并复位	目测、操作
6	前后中央扶手、安全带	划伤、起皱、污损、松动、安全带急拉锁止、高度无法调节、卡阻、锁扣坏	1. 观察前后中央扶手表面; 2. 调节安全带高度、急拉安全带并锁止放开一次	目测、操作
7	杂物箱	杂物箱装配不到位、锁扣坏、污损	杂物箱启闭一次	操作
8	点烟器、烟灰缸、出风口	电压不正常,烟灰缸损坏或无法取出、关闭、饮料架启闭受阻、表面损伤、出风口无法调节、叶片损坏、饰框断裂	1. 测量点烟器电压; 2. 启闭烟灰缸,取出并放入烟灰缸; 3. 调节出风口,观察出风口及饰框外观	仪器检测、操作、目测

4. 底盘检查

底盘检查见表1-4。

底盘检查　　　　　　　　　　　　　　表1-4

序号	检查内容	缺陷特征	操 作	方式
1	动力蓄电池底板	凹陷、划伤、锈蚀	1. 检查电池底板有无凹陷、划伤、锈蚀,与车身连接是否牢固; 2. 检查高压线束连接是否正常	目测、手感
2	慢充线束	破裂、松旷	慢充线束护套无损坏,固定可靠	目测、手感
3	制动软管	管路渗漏、互碰、夹头外漏	1. 制动管路制动油是否有渗漏; 2. 检查制动油管上的夹头及管路间隙	目测
4	减速器放油口	渗漏	检查减速器放油螺栓有无损坏,有无渗漏	目测
5	传动轴、半轴、转向球头	防尘套脱落、球头松动	1. 检查胶套有无损坏,球头是否松旷; 2. 检查各防尘套和球头	目测、手感

续上表

序号	检查内容	缺陷特征	操作	方式
6	机舱底部防水板	异响、渗漏	1.检查机舱底部防水板是否松动； 2.检查机舱底部防水板是否渗漏	目测
7	轮胎气压、轮胎螺母及其拧紧力矩	气压不足、螺母松动	1.按照副驾驶门框上的标准气压值充气； 2.按规定力矩拧紧	目测、操作
8	底盘及传动机构螺栓、螺母拧紧力矩	螺栓松动	按规定力矩拧紧	操作
9	底盘损伤锈蚀情况	底盘部件有锈蚀	清洁锈蚀	操作

5. 车辆功能检查

车辆功能检查见表1-5。

车 辆 功 能 检 查　　　　　　　　表1-5

序号	检查内容	缺陷特征	操作	方式
1	时钟调整、外后视镜调节装置	调节失效、加热调节失灵	1.调整时间； 2."L"位置调节（电动控制下为左侧微调，右侧粗调）； 3."R"位置调节（电动控制下为右侧微调）； 4.回归"L"； 5.在加热挡时外视镜温度是否变化	目测、操作、手感
2	收放机、CD机、天线控制、车内音响及控制	单声道、收放失效、电台搜索失效、音响空间位置效果调节失效、高低音调节失效	1.打开CD、收放机，搜索电台频道； 2.听收音效果； 3.调整前、后、左、右音箱音量，音响控制是否有效； 4.调整重低音和高音，音响效果控制是否有效	操作、耳听

续上表

序号	检查内容	缺陷特征	操作	方式
3	空调系统(含鼓风机、压缩机)出风口控制	不制冷、异响、电器故障、制冷剂泄漏、异味、漏风、滴水(车厢内)、鼓风机调节失效、空气分配控制失效、出风口调节失效、内循环失效	1.打开鼓风机到1挡,观察出风口气流变化; 2.打开AC开关,观察AC开关指示灯、车辆抖动状况、听是否有异响、观察气流温度变化; 3.逐渐从1挡开至4挡,观察气流及温度变化; 4.打开内循环开关,观察内循环开关指示灯,观察气流变化; 5.调节空气分配旋钮,观察气流变化; 6.调整各出风口控制,观察气流变化; 7.观察出风口及车内是否滴水、漏风、有异味; 8.关闭AC开关、内循环开关、鼓风机开关	操作、手感、耳听、鼻嗅、仪器检测
4	头枕、座椅调节	松动、调节失效	1.驾驶员座椅的锁止、前后滑动、上下升降、靠背转动、腰托调整等功能调节; 2.副驾驶员座椅的锁止、前后滑动、上下升降、靠背转动等功能调节; 3.头枕的上、下、前、后都可调节	操作
5	车窗升降、天窗控制	控制失效、异响、升降受阻,天窗启闭受阻、关闭不严	1.在驾驶员座椅上控制所有门窗的升降各一次; 2.按左后、右后、右前的顺序控制各窗的升降各一次; 3.天窗启闭、倾斜及关闭各一次	操作
6	刮水控制及风窗洗涤控制	不出水、控制失效、异响	1.清洗前风窗玻璃,打开刮水器,调整刮水时间间隙及各挡位; 2.清洗后风窗玻璃,打开刮水器并调整挡位	操作、耳听
7	仪表指示	指示灯常亮、不亮、仪表照明亮度调节失效	1.起动车辆,观察各仪表指示灯; 2.打开仪表照明灯,并调节亮度	操作、目测

续上表

序号	检查内容	缺陷特征	操作	方式
8	转向及侧面转向灯、远近光调节、前照灯高度调节	不亮、接触不良、无法调整、失效	1. 依次打开左转向灯和右转向灯,关闭; 2. 打开近光灯,切换成远光灯; 3. 控制变光; 4. 控制前照灯高度,先调向最低位,后调到最高位	操作、目测
9	雾灯、制动灯、高位制动灯、警告灯、倒车灯	不亮、接触不良、无法调整、失效	1. 打开雾灯,关闭雾灯; 2. 踩制动踏板,观察制动灯及高位制动灯; 3. 打开警告灯,关闭警告灯; 4. 踩住离合器分离踏板和制动踏板,挂倒挡,复位	操作、目测
10	驱动电机运行情况	电机起动、加速异响、振动	检查驱动电机	耳听、操作
11	行车制动与驻车制动	制动不良或失效	1. 检查行车制动器; 2. 检查驻车制动器	操作
12	换挡机构工作情况	无法换挡、无倒挡	检查换挡装置	操作
13	转向机构工作情况	无法转向、连接松动、有异响	1. 检查转向盘与转向柱管; 2. 检查转向器	耳听、操作
14	充电功能检查	不显示充电画面	检查快/慢充过程,仪表上出现充电指示灯,中控台屏幕显示充电画面	目测、操作
15	解码器检查	有故障码、无法清除故障码	1. 检查是否有故障码; 2. 检查故障码是否能清除	目测、操作

6. 配件检查

配件检查见表1-6。

配件检查　　　　　　　　　　　　　　表1-6

序号	检查内容	缺陷特征	操作	方式
1	行李舱密封条、地毯、备胎	开裂、渗水、污损、装配不到位,气压不足、破旧、花纹与装车不一致、损坏、松动	1. 观察行李舱密封条; 2. 观察地毯的脏污; 3. 检查备胎花纹并按压	目测、手感

续上表

序号	检查内容	缺陷特征	操作	方式
2	随车工具(千斤顶、天线、三角警示牌等)	放置不到位、缺少、损坏	1. 核对随车工具; 2. 观察外观及放置	目测
3	随车文件(合格证、说明书等)	缺少、损坏	1. 核对随车文件; 2. 观察外观及放置	目测

(五)北汽 EV200 纯电动汽车 PDI 实例(电气设备系统节选)

北汽 EV200 纯电动汽车 PDI 如图 1-4～图 1-16 所示。

图 1-4 检查前端快充口

图 1-5 检查慢充盖板功能,检查密封性

图 1-6 检查车门锁、车门铰链、密封条(儿童锁)

图 1-7 检查左前车门组合开关

图 1-8 检查电动外后视镜自动收起

图 1-9 检查组合灯光开关

图 1-10 检查前照灯灯光高度调节开关

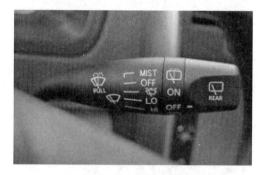

图 1-11 检查刮水器开关

图 1-12 检查变速器电子换挡开关

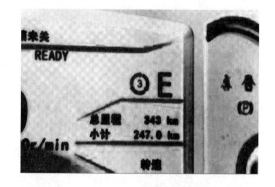

图 1-13 检查中控仪表台

图 1-14 检查空调系统控制面板

图 1-15 检查空调制冷/暖风系统

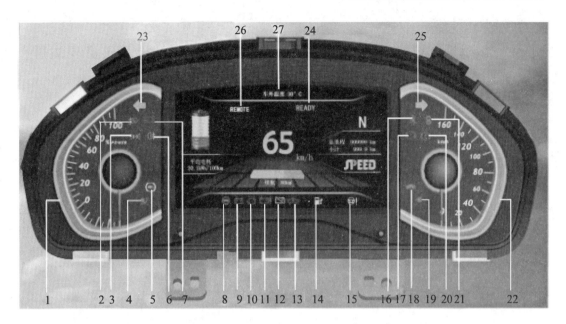

图 1-16　检查中控仪表指示灯

1-驱动电机功率表;2-前雾灯;3-示廓灯;4-安全气囊指示灯;5-ABS 指示灯;6-后雾灯;7-远光灯;8-跛行指示灯;9-蓄电池故障指示灯;10-电机及控制器过热指示灯;11-动力蓄电池故障指示灯;12-动力蓄电池断开指示灯;13-系统故障灯;14-充电提醒灯;15-EPS 故障指示灯;16-安全带未系指示灯;17-制动故障指示灯;18-防盗指示灯;19-充电线连接指示灯;20-驻车制动器指示灯;21-门开指示灯;22-车速表;23/25-左/右转向指示灯;24-READY 指示灯;26-REMOTE 指示灯;27-室外温度提示

二、任务实施

展厅刚刚销售了一辆北汽新能源纯电动汽车 EV200,为了确保在新车交付前车辆能正常使用,销售经理请你过来给这辆新车进行 PDI,请问你该如何操作?

(一)准备工作

在新能源汽车检修一体化学习站,准备如下实训设备、仪器设备、工量具。

(1)车辆:北汽 EV200 汽车一辆。

(2)工量具、仪器设备:举升机、绝缘工具、绝缘手套、万用表、兆欧表、气压表等。

(3)辅助工具:二氧化碳灭火器、碎布、手电筒。

(4)其他材料:北汽 EV160/EV200 维修手册、纯电动汽车 PDI 记录表等。

(二)技术要求与注意事项

(1)在进行高压相关操作前,维修人员必须穿戴好劳保用品,戴好绝缘手套,穿好高压绝缘鞋。

(2)在测量电压时,请勿虚接,以免出现打火花现象,造成不必要的财产损失。

(三)操作步骤

(1)用车钥匙打开车门,做好车辆的防护措施。

(2)插入车钥匙,打开电源开关,观察车辆的组合仪表,检查各仪表是否工作正常。

(3)检查车辆外观正常,打开发动机舱盖、行李舱盖,检查轮胎和轮辋是否有损伤。

(4)判断 PDI 哪些部件是不符合要求的,查找维修手册,说明原因。

三、任务工作页

(一)完成 PDI 的相关知识点

(1)车辆出厂后,因工厂到销售服务商之间的运输和销售前的保管过程中,有可能会发生_____等初期故障,所以在向客户交车前,有义务检查车辆是否存在质量问题,确保车辆完好无损后交车,这项工作被称为 PDI(Pre-Delivery Inspection),即_____。

(2)PDI 的三道工序为:_____、_____和_____。

(3)查阅教材及其他资料,完成以下内容:

"三不落地"是指_____、_____、_____不落地。

5S 管理是指_____、_____、_____、_____、_____。

安全永远是我们要铭记的准则。在进行电动汽车高压部件检修前,应先关闭_____,断开_____,戴上绝缘手套,拔下_____,并等待_____min后才能操作。

(二)小组完成 PDI 方案的制订

(1)根据任务要求,我们需要查阅维修手册、准备工量具和北汽新能源纯电动汽车 PDI 记录表以及纯电动汽车 PDI 内容指导书,为纯电动汽车 PDI 做好准备。

小组分工:

步骤一:

步骤二：

步骤三：

步骤四：

（2）利用"北汽新能源商品车销售PDI记录表"（表1-7）对北汽EV200车辆进行PDI。

北汽新能源商品车销售PDI记录表　　　　　　表1-7

车型：　　　　　颜色：黑□ 白□ 灰□ 银□ 红□ 金□ 其他：　　车辆批次：

　　　　　　　　初始千米：　　　　　　　　　　　　　　　　　　单号：

车架号：　　　　检查人员：　　　　　　　　　　　　　　　　　　检查日期：

检查项目	检查内容	检查结果	记录栏	签名栏
※以下项目的检查结果，没问题的划√，需要修理的划×。				
A.基本检查			问题描述	维修人员签字
1.外观检查	全车漆面，前后风窗，左右车窗，前后车灯表面无磕碰、划伤；车顶装饰条张贴良好无损坏；车门、发动机盖、灯具安装各部缝隙均匀，过渡无明显阶差			
2.轮胎、轮辋	轮胎表面无刮伤，胎压正常；轮辋及螺栓无划伤、生锈；翼子板内衬齐全			
3.内饰检查	门内侧、门框、转向盘、仪表台、挡位、中央扶手箱、座椅、地毯、车顶内饰安装可靠，无划伤，无脏污，车内无杂物，无缺件，无漏装			
B.机舱内检查			问题描述	维修人员签字
1.整体目视检查	机舱中的部件有无渗漏及损伤			
2.冷却液液位	液位应在max～min之间			
3.制动液	储液罐及软管有无漏液或损伤，液位应在max～min之间			

续上表

检查项目	检查内容	检查结果	记录栏	签名栏
4.玻璃清洗液液位	液位应在max～min之间			
5.蓄电池	状态、电压、蓄电池接线螺栓是否紧固			
6.线束/配管	不干涉,不松动(注意:橘黄色电线为高压线,请勿触动)。各线束接头连接有效锁止;高压线束无死弯,护套无破损;DC/DC负极与车身搭铁螺钉紧固正常			
C.车辆功能检查			问题描述	维修人员签字
1.遥控器及钥匙	遥控器及机械钥匙可以有效锁闭及开启5门,锁闭后后视镜收起,闪烁灯亮			
2.车门及行李舱	4个车门及行李舱开启和关闭正常			
3.车门窗	4个车窗的玻璃升降正常			
4.中控门锁	使用正常			
5.主驾和副驾座椅	座椅调节正常,安全带拉伸及锁闭正常			
6.仪表盘各项指示灯	上电后各项检测指示灯数秒后正常熄灭			
7.导航仪及收音机	使用正常			
8.转向盘	上下调节正常,喇叭正常,媒体调节按钮使用正常,转向盘安装正常			
9.照明灯光/指示灯光	远光灯、近光灯、雾灯、行李舱灯、光束调节系统使用正常;转向灯、警示灯、制动灯、倒车灯、牌照灯、示廓灯使用正常			
10.刮水器	喷水器正常,前后刮水器刮水正常			
11.空调	制冷和制热正常,风量调节正常,各出风口正常			
12.后视镜	两侧及车内后视镜是否正常调节			
13.天窗、车内灯	天窗开关正常,车内灯使用正常			
14.遮阳板及化妆镜	使用正常			
15.机舱盖、充电口盖	开启、闭合正常			

项目一　新能源汽车PDI

续上表

检查项目	检查内容	检查结果	记录栏	签名栏
16.倒车雷达/影像	使用正常			
17.换挡机构及驻车制动器	操作功能正常			
18.数据采集终端	平台是否可以监控			
19.充电功能	快、慢充功能正常			
D.配备检查			问题描述	维修人员签字
随车工具	随车工具(备胎、工具三件套、千斤顶)齐全			
外观损伤位置标示图	外观损伤位置及问题描述：			
交接手续	单位	意见	签字	日期
	经销商			
	客户			

四、评价与反馈

学习评价见表1-8。

学习评价表　　　　　表1-8

班级_____　小组_____　学号_____　姓名_____

项目内容	主要测评项目	学生自评			
		A	B	C	D
关键能力总结	1.遵守纪律,遵守学习场所管理规定,服从安排; 2.具有安全意识、责任意识,5S管理意识,注重节约、节能与环保; 3.学习态度积极主动,能按时参加老师安排的实习活动; 4.具有团队合作意识,注重沟通,能自主学习及相互协作; 5.仪容仪表符合学习活动要求				

续上表

项目内容	主要测评项目	学生自评			
		A	B	C	D
专业知识与能力总结	1. 能说出 PDI 的定义、作用和工序； 2. 能正确查阅维修手册及其他资料； 3. 能制订完整的纯电动汽车 PDI 任务实施方案				
个人自评					
小组评价					
教师评价	总评成绩				

教师签字： 日期：

学习任务 2　混合动力电动汽车 PDI

学习目标

1. 能说出混合动力电动汽车的定义、类型、优点；
2. 能熟练对混合动力电动汽车进行 PDI。

建议课时

6 课时。

任务描述

一批广汽丰田生产的混合动力电动汽车雷凌昨天到店，销售经理请你帮忙对这批新车进行检查，作为汽车修理工的你如何对混合动力新车进行 PDI？

一、信息收集

(一)混合动力电动汽车的优点

(1) 与传统汽车相比,由于其内燃机总是工作在最佳工况,油耗非常低。

(2) 内燃机主要工作在最佳工况点附近,燃烧充分,排放气体较干净;起步无怠速(怠速停机)。

(3) 不需要外部充电系统,续驶里程长。

(4) 蓄电池组的小型化使成本和重量低于电动汽车。

(5) 发动机和电动机动力可互补;低速时可用电动机驱动行驶。

在目前的技术水平和应用条件下,混合动力电动汽车是电动汽车中最具有产业化和市场化前景的车型。混合动力电动汽车采用内燃机和电动机作为混合动力源,它既有内燃机动力性好、反应快和工作时间长的优点,又有电动机无污染和低噪声的好处,达到了内燃机和电动机的最佳匹配。

(二)混合动力电动汽车PDI内容指导书

1. 基本检查

基本检查见表2-1。

基本检查　　　　　　　　　　　　　　　　表2-1

序号	检查内容	缺陷特征	操作	方式
1	合格证与车身或VIN码相符性	合格证与车身或VIN码信息不符	对比车辆合格证和VIN码信息	目测
2	油漆(含车门、三盖、保险杠)	碰瘪、凹点、凸点、针眼、划伤、色差、疵点、气泡、裂纹、斑点	在灯光下观察油漆外观	目测
3	倒车雷达	感应器漏装或脱落	观察倒车雷达感应器	目测
4	饰条、徽标、字饰	划伤、脱落、错贴、漏贴、歪斜	1. 观察饰条和徽标、字饰的外观及标贴; 2. 观察字饰、徽标是否正确	目测
5	前后风窗玻璃、橡胶密封条	开裂、密闭差	1. 观察前后风窗玻璃表面; 2. 观察橡胶密封条	目测
6	门窗玻璃、导向槽	开裂、锈蚀、徽标不一致	1. 观察门窗玻璃表面; 2. 检查左前、右前玻璃徽标是否一致,左后、右后玻璃徽标是否一致	目测

续上表

序号	检查内容	缺陷特征	操作	方式
7	天窗、天线插座	装配不到位、脱落	1. 打开/关闭天窗,检查天窗是否能正常开启/关闭; 2. 检查天线插座是否安装牢固	操作、目测
8	车门限位器和固定销	车门限位器失效、异响	1. 开足车门检查限位; 2. 检查销钉是否到位功能	操作、目测
9	轮胎、轮毂及气压(含胎压调整和标定)	漏气、四轮花纹不一致、轮毂不一致、气压低于要求	1. 测量轮胎气压(轮胎气压表)出库放气至半载气压,入库充至规定存储气压(轮胎充气机); 2. 新车销售交车前,先按照副驾驶位门框上的标准胎压值调整胎压; 3. 观察轮胎花纹及轮毂	仪器检测、目测

2. 机舱(发动机舱)内检查

机舱(发动机舱)内检查见表2-2。

机舱(发动机舱)内检查　　　　　　　表2-2

序号	检查内容	缺陷特征	操作	方式
1	电器盒线束及卫生情况	电器盒线束杂乱、有污渍等	1. 整理电器盒线束; 2. 清理杂物	操作
2	12V蓄电池	1. 接线柱有硫化现象; 2. 接线柱螺栓松动; 3. 电压低于12V	1. 清理接线柱硫化物; 2. 紧固螺栓; 3. 测量并记录蓄电池的电压(万用表)	操作、目测
3	电线束防护和插接件	电线束防护和插接件松脱	紧固电线束防护和插接件	操作、目测
4	电机控制器	脏污、异响	1. 清洁电机控制器表面污渍; 2. 听电机控制器的声音	耳听、操作
5	转向助力液、制动液、洗涤液等	漏液、渗液、液面偏低	观察各壶内液面高度	目测
6	驱动电机固定螺栓	松动、生锈	清洁、紧固	操作
7	喇叭、转向机构	1. 喇叭不响; 2. 转向齿轮有异响	1. 测量喇叭声音的分贝; 2. 听转向器的声音	耳听、操作

续上表

序号	检查内容	缺陷特征	操 作	方式
8	机油	发动机机油量不足	补充发动机机油到规定值	目测、操作
9	冷却液	冷却液不足	补充冷却液到规定值	目测、操作
10	制动液	制动液不足	补充制动液到规定值	目测、操作

3. 内饰检查

内饰检查见表 2-3。

内饰检查　　　　　　　　　　表 2-3

序号	检查内容	缺陷特征	操 作	方式
1	内饰板、密封条	渗水、污损、划伤、松脱、色差、花纹配套不一致	观察门内饰板，前柱、中柱、后柱及相关内饰件表面及缝隙	目测
2	车顶饰板、遮阳板、车顶拉手	渗水、污损、划伤、松脱、色差、花纹配套不一致；毛边外漏、起皱、装配不到位、车顶拉手不复位	1. 观察车顶饰板，尤其是与前柱、中柱、后柱等相关内饰连接处及天窗周围； 2. 观察车顶拉手并拉放一次	目测、操作
3	仪表、仪表板、安全气囊外盖、车内后视镜	装配不到位、起皱、损坏、色差、污损、划伤、后视镜无法调节、安全气囊表面损坏	1. 观察仪表总成及仪表台外观； 2. 调节后视镜位置，观察后视镜表面； 3. 观察安全气囊外观	目测、操作
4	内饰装饰面板、空调操作面板、各种开关及面板	划伤、松动、色差、花纹不一致、装配不到位	1. 观察内饰装饰面板表面； 2. 观察空调操作面板及各种开关及面板表面	目测、操作
5	座椅外观、头枕、座椅面料	划伤、起皱、污损、色差、面料不一致、头枕无法调节	1. 观察前座座椅外观及头枕，调节头枕； 2. 观察后座座椅外观及头枕，调节头枕； 3. 调节后座翻转并复位	目测、操作
6	前后中央扶手、安全带	划伤、起皱、污损、松动、安全带急拉锁止、高度无法调节、卡阻、锁扣坏	1. 观察前后中央扶手表面； 2. 调节安全带高度、急拉安全带并锁止放开一次	目测、操作

续上表

序号	检查内容	缺陷特征	操作	方式
7	杂物箱	杂物箱装配不到位、锁扣坏、污损	杂物箱启闭一次	操作
8	点烟器、烟灰缸、出风口	电压不正常,烟灰缸损坏或无法取出、关闭,饮料架启闭受阻、表面损伤,出风口无法调节、叶片损坏、饰框断裂	1.测量点烟器电压; 2.启闭烟灰缸,取出并放入烟灰缸; 3.调节出风口,观察出风口及饰框外观	仪器检测、操作、目测

4. 底盘检查

底盘检查见表2-4。

底盘检查　　　　　　　　　　　　　　　表2-4

序号	检查内容	缺陷特征	操作	方式
1	传动轴防尘套和球头	防尘套脱落,球头松动	检查各防尘套和球头	目测、手感
2	机舱底部防水板	异响、渗漏	1.检查机舱底部防水板是否松动; 2.检查机舱底部防水板是否渗漏	目测
3	液压管路定位	管路互碰、夹头外漏	检查制动油管上的夹头及管路间隙	目测
4	轮胎气压、轮胎螺母及其拧紧力矩	气压不足,螺母松动	1.按照副驾驶门框上的标准气压值充气; 2.按规定力矩拧紧	目测、操作
5	底盘及传动机构螺栓、螺母拧紧力矩	螺栓松动	按规定力矩拧紧	操作
6	底盘损伤锈蚀情况	底盘部件有锈蚀	清洁锈蚀	操作

5. 车辆功能检查

车辆功能检查见表2-5。

车辆功能检查 表2-5

序号	检查内容	缺陷特征	操作	方式
1	时钟调整、外后视镜调节装置	调节失效、加热调节失灵	1. 调整时间； 2. "L"位置调节（电动控制下为左侧微调、右侧粗调）； 3. "R"位置调节（电动控制下为右侧微调）； 4. 回归"L"； 5. 在加热挡时外视镜温度是否变化	目测、操作、手感
2	收放机、CD机、天线控制、车内音响及控制	单声道、收放失效、电台搜索失效、音响空间位置效果调节失效、高低音调节失效	1. 打开CD机，搜索电台频道； 2. 听收音效果； 3. 调整前、后、左、右音箱音量，音响控制是否有效； 4. 调整重低音和高音，音响效果控制是否有效	操作、耳听
3	空调系统（含鼓风机、压缩机）出风口控制	不制冷、异响，电器故障、制冷剂泄漏、异味、漏风、滴水（车厢内）、鼓风机调节失效、空气分配控制失效、出风口调节失效、内循环失效	1. 打开鼓风机到1挡，观察出风口气流变化； 2. 打开AC开关，观察AC开关指示灯、车辆抖动状况，听是否有异响，观察气流温度变化； 3. 逐渐从1挡开至4挡，观察气流及温度变化； 4. 打开内循环开关，观察内循环开关指示灯，观察气流变化； 5. 调节空气分配旋钮，观察气流变化； 6. 调整各出风口控制，观察气流变化； 7. 观察出风口及车内是否滴水、漏风、有异味； 8. 关闭AC开关、内循环开关、鼓风机开关	操作、手感、耳听、鼻嗅、仪器检测
4	头枕、座椅调节	松动、调节失效	1. 驾驶员座椅的锁止、前后滑动、上下升降、靠背转动、腰托调整等功能调节； 2. 副驾驶员座椅的锁止、前后滑动、上下升降、靠背转动等功能调节； 3. 头枕的上、下、前、后都可调节	操作

续上表

序号	检查内容	缺陷特征	操 作	方式
5	车窗升降、天窗控制	控制失效、异响,升降受阻,天窗启闭受阻、关闭不严	1.在驾驶员座椅上控制所有门窗的升降各一次; 2.按左后、右后、右前的顺序控制各窗的升降各一次; 3.天窗启闭、倾斜及关闭各一次	操作
6	刮水控制及风窗洗涤控制	不出水、控制失效、异响	1.清洗前风窗玻璃,打开刮水器,调整刮水时间间隙及各挡位; 2.清洗后风窗玻璃,打开刮水器并调整挡位	操作、耳听
7	仪表指示	指示灯常亮、不亮、仪表照明亮度调节失效	1.起动车辆,观察各仪表指示灯; 2.打开仪表照明灯,并调节亮度	操作、目测
8	转向及侧面转向灯、远近光调节、前照灯高度调节	不亮、接触不良、无法调整、失效	1.依次打开左转向灯和右转向灯,关闭; 2.打开近光灯,切换成远光灯; 3.控制变光; 4.控制前照灯高度,先调向最低位,后调到最高位	操作、目测
9	雾灯、制动灯、高位制动灯、警告灯、倒车灯	不亮、接触不良、无法调整、失效	1.打开雾灯,关闭雾灯; 2.踩制动踏板,观察制动灯及高位制动灯; 3.打开警告灯,关闭警告灯; 4.踩住离合器分离踏板和制动踏板,挂倒挡,复位	操作、目测
10	驱动电机运行情况	电机起动、加速异响、振动	检查驱动电机	耳听、操作
11	行车制动与驻车制动	制动不良或失效	1.检查行车制动器; 2.检查驻车制动器	操作
12	换挡机构工作情况	无法换挡、无倒挡	检查换挡装置	操作
13	转向机构工作情况	无法转向、连接松动、有异响	1.检查转向盘与转向柱管; 2.检查转向器	耳听、操作

6.配件检查

配件检查见表2-6。

配件检查　　　　　　　　　表2-6

序号	检查内容	缺陷特征	操　作	方式
1	行李舱密封条、地毯、备胎	开裂、渗水、污损、装配不到位、气压不足、破旧、花纹与装车不一致、损坏、松动	1.观察行李舱密封条； 2.观察地毯的脏污； 3.检查备胎花纹并按压	目测、手感
2	随车工具（千斤顶、天线、三角警示牌等）	放置不到位、缺少、损坏	1.核对随车工具； 2.观察外观及放置	目测
3	随车文件（合格证、说明书等）	缺少、损坏	1.核对随车文件； 2.观察外观及放置	目测

(三)丰田普锐斯混合动力电动汽车PDI实例(电气设备系统节选)

丰田普锐斯混合动力电动汽车PDI如图2-1～图2-12所示。

图2-1　检查车门锁

图2-2　检查左前车门、门窗组合开关

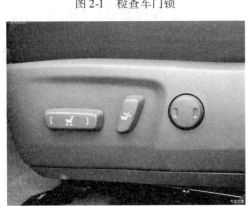

图2-3　检查电动座椅

图2-4　检查起动开关

图 2-5　检查中控仪表

图 2-6　检查动力模式控制面板

图 2-7　检查灯光、照明组合开关

图 2-8　检查刮水器开关

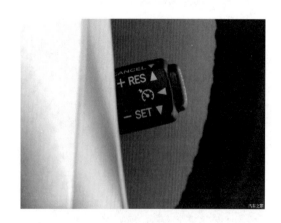

图 2-9　检查定速巡航开关

图 2-10　检查灯光高度、后视镜调节开关

项目一 新能源汽车PDI

图 2-11 检查空调系统控制面板

图 2-12 检查多功能转向盘按键

二、任务实施

展厅刚刚销售了一辆广汽丰田混合动力电动汽车雷凌,为了确保在新车交付前车辆能正常使用,销售经理请你过来给这辆新车进行PDI,请问你该如何操作?

(一) 准备工作

在新能源汽车检修一体化学习站,准备如下实训设备、仪器设备、工量具。

(1) 车辆:广汽丰田雷凌混合动力电动汽车一辆。

(2) 工量具、仪器设备:举升机、绝缘工具、绝缘手套、万用表、兆欧表、气压表等。

(3) 辅助工具:二氧化碳灭火器、碎布、手电筒。

(4) 其他材料:广汽丰田雷凌维修手册、混合动力电动汽车 PDI 记录表等。

(二) 技术要求与注意事项

(1) 在进行高压相关操作前,维修人员必须穿戴好劳保用品,戴好绝缘手套,穿好高压绝缘鞋。

(2) 在测量电压时,请勿虚接,以免出现打火花现象,造成不必要的财产损失。

(三) 操作步骤

(1) 用车钥匙打开车门,做好车辆的防护措施。

(2) 插入车钥匙,打开电源开关,观察车辆的组合仪表,检查各仪表是否工作正常。

·29·

(3)检查车辆外观正常,打开发动机舱盖、行李舱盖,检查轮胎和轮辋是否有损伤。

(4)判断 PDI 哪些部件是不符合要求的,查找维修手册,说明原因。

三、任务工作页

(一)完成 PDI 的相关知识点

(1)混合动力电动汽车的优点:

_____

_____

_____

_____

(2)查阅教材及其他资料,完成以下内容:

"三不落地"是指_____、_____、_____不落地。

5S 管理是指_____、_____、_____、_____、_____。

(二)小组完成 PDI 方案的制订

(1)根据任务要求我们需要查阅维修手册、准备工量具和广汽丰田汽车混合动力电动汽车雷凌 PDI 记录表以及混合动力电动汽车 PDI 内容指导书,为混合动力电动汽车 PDI 做好准备。

小组分工:

步骤一:

步骤二:

步骤三:

步骤四:

(2)利用"广汽丰田雷凌混合动力商品车销售 PDI 记录表"(表2-7)对雷凌混合动力车辆进行 PDI。

广汽丰田雷凌混合动力商品车销售 PDI 记录表　　表 2-7

车型：　　　　　　颜色：黑□ 白□ 灰□ 银□ 红□ 金□ 其他：　　车辆批次：

　　　　　　　　　初始里程：　　　　　　　　　　　　　　　　单号：

车架号：　　　　　检查人员：　　　　　　　　　　　　　　　　检查日期：

发动机室		
□制动器油量　　　□机油量　　　□玻璃清洗液量　　　□冷却液量(变频器和发动机)		
驾驶席	□混合动力系统起动和停止的状况 □EV-模式开关的状况 □发动机故障灯确认 □发动机的状况 □各仪表的机能及动作 □车内各显示屏的工作状态 □制动踏板及驻车制动器的工作状态 □转向盘的动作及操作状况 □灯类装置及喇叭的动作 □刮水器及车窗的动作 □换挡杆的机能及动作 □音响系统及钟表的动作 □室内后视镜的动作 □加油口盖、行李舱盖及发动机舱盖锁的动作 □储物箱等操作状况 □室内搭载品	助手席
□车门的开关状况(含主控按钮确认) □车门锁的动作 □车窗的开关动作 □座椅的状况及动作 □安全带的状况及动作 □车门内侧的脏污、损伤及安装状态 □智能钥匙工作状态		□车门的开关状况 □车门锁的动作 □车窗的开关动作 □座椅的状况及动作 □安全带的状况及动作 □车门内侧的脏污、损伤及安装状况 □智能钥匙工作状态
左后座席		右后座席
□车门的开关状况 □车门锁的动作 □车窗的开关动作 □座椅的状况及动作 □安全带的状况及动作 □车门内侧的脏污、损伤及安装状态 □智能钥匙工作状态		□车门的开关状况 □车门锁的动作 □车窗的开关动作 □座椅的状况及动作 □安全带的状况及动作 □车门内侧的脏污、损伤及安装状况 □智能钥匙工作状态
行李舱盖		
□行李舱盖的机能及开关　　□行李舱盖锁的动作　　□行李舱内的搭载品及备胎的状况 □观察检修塞是否锁紧		
车辆底盘		
□车轮的状况(包括胎压)　　□车辆底盘各部的紧固状况　　□车辆底盘各部的渗油及漏油状况		

外观损伤位置及问题描述：

外观损伤位置标示图

交接手续	单　位	意　见	签　字	日　期
	经销商			
	客户			

四、评价与反馈

学习评价见表2-8。

学 习 评 价 表　　　　　　　　表2-8

班级_____　小组_____　学号_____　姓名_____

项目内容	主要测评项目	学生自评			
		A	B	C	D
关键能力总结	1. 遵守纪律,遵守学习场所管理规定,服从安排; 2. 具有安全意识、责任意识、5S管理意识,注重节约、节能与环保; 3. 学习态度积极主动,能按时参加老师安排的实习活动; 4. 具有团队合作意识,注重沟通,能自主学习及相互协作; 5. 仪容仪表符合学习活动要求				
专业知识与能力总结	1. 能说出混合动力电动汽车的定义、类型、优点; 2. 能正确查阅维修手册及其他资料; 3. 能制订完整的混合动力电动汽车PDI任务实施方案				
个人自评					
小组评价					
教师评价		总评成绩			

教师签字:　　　　　　　　　　　　　　　　　日期:

项目二　新能源汽车高压安全设计及检验

本项目主要学习新能源汽车高压安全设计原理、检验步骤及注意事项,分为两个任务:

学习任务3　纯电动汽车高压互锁检查;

学习任务4　混合动力电动汽车绝缘不良故障诊断。

通过学习,掌握新能源汽车高压安全设计原理及高压安全检验步骤。

学习任务3　纯电动汽车高压互锁检查

  学习目标

1. 了解高压互锁系统的组成;
2. 能掌握高压互锁的作用及工作原理;
3. 能排除高压互锁系统的相关故障。

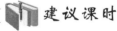 **建议课时**

8课时。

 任务描述

车主反映一辆比亚迪e5纯电动汽车无法行驶,组合仪表上的"OK"灯不亮。请进行检查,判断该车的故障,并解释原因。

一、信息收集

(一)高压电安全措施

相对于传统汽车而言,电动汽车的一个重要特点是车内装有能保证足够动力性能的高压电系统,由此而存在的高压电安全隐患完全有别于传统汽车,其高达 300V 以上(有的可达 600V 以上)的电压以及可能达到数十、甚至数百安培的电流随时考验着车载高压用电器的使用安全。因此,为保证驾驶人员、乘车人员以及汽车维修人员的安全,电动汽车在高压电安全方面采取了以下几点措施:

(1)在用户正常操作时,通过绝缘防护、等电势(搭铁电阻)、外壳 IP 防护、泄漏电流等措施提供电气防护。

(2)环境条件和可能发生的意外事件都可能使得这种保护的强度降低。因此,高压系统配置了绝缘监测功能,一般采用漏电传感器对高压系统进行绝缘监控。

(3)在车辆维修时,采用紧急维修开关进行安全防护。

(4)在电路设计时,应能满足电气间隙、爬坡距离等要求,并具备各类过压、过流、短路防护功能。

(5)在异常使用时(例如碰撞、非正常操作断开高压连接器等),采用高压互锁、高压的主动放电和被动放电,可有效防止因高压电导线裸露而导致的触电,从而保障使用安全。

(二) 高压互锁系统

1. 宝马 i3 电动汽车高压互锁系统

宝马 i3 电动汽车高压互锁系统如图 3-1 所示。

(1)高压互锁系统的作用与原理。

高电压触点监控用于对高电压组件作业人员进行保护。高电压触点监控导线经过可产生高电压的高电压组件的所有插头/插孔,通过高电压触点监控可确定一个或多个高电压插接连接件是否已断开。高压电池管理模块通过高电压触点监控导线发送一个特定变化的波形信号,经过各个被监控的模块之后回到高压电池管理模块,然后对该信号进行分析,如果一个高电压插接连接件已断开,就会被立即发现并自动关闭整个高电压系统。在这过程中主接触器有拉弧烧蚀损坏的风险,所以在进行相关操作时,务必先按标准要求进行高压断电操作。

(2)互锁插头的结构形式。

互锁插头的结构形式如图 3-2 所示。

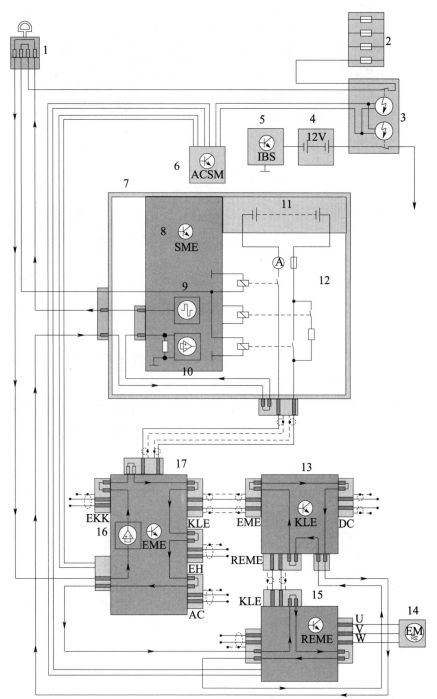

图 3-1 宝马 i3 电动汽车高压互锁系统

1-高电压安全插头("售后服务时断开连接");2-前部熔断丝支架;3-安全型蓄电池接线柱 SBK;4-12V 蓄电池;5-智能型蓄电池传感器 IBS;6-碰撞和安全模块 ACSM;7-高电压蓄电池单元;8-蓄能器管理电子装置 SME;9-蓄能器管理电子装置内用于高电压触点监控检测信号的信号发生器;10-蓄能器管理电子装置内用于高电压触点监控检测信号的分析电路;11-高电压蓄电池的电池;12-高电压蓄电池内的接触器、熔断丝和串联电阻;13-便捷充电电子装置 KLE;14-增程电机;15-增程电机电子装置 REME;16-电机电子装置内用于高电压触点监控检测信号的分析电路;17-电机电子装置 EME

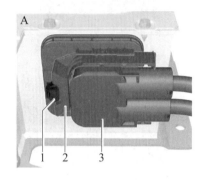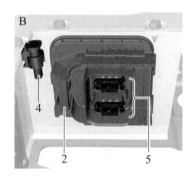

图 3-2 互锁插头的结构形式

A-已插上高电压导线的高电压接口；B-已松开高电压导线的高电压接口；1-高电压触点监控电桥（已插上）；2-机械滑块；3-高电压导线的高电压插头；4-高电压触点监控电桥（已松开）；5-高电压接口

（3）互锁插头的工作过程。

插接状态下高电压触点监控电桥使高电压触点监控电路闭合（图 3-3），蓄能器管理电子装置持续监控高电压触点监控电路，只有电路闭合时，高电压系统才处于启用状态。如果高电压触点监控电路通过松开电桥而断路，则高电压系统自动关闭。只有松开了高电压触点监控电桥后，才能向箭头方向推移机械锁止件（图 3-4），机械锁止件是高电压组件上高电压插头的组成部分，通过向箭头方向推移锁止件释放高电压导线上高电压插头的机械导向，因此，可以进行图 3-5 的拉拔。沿箭头方向拔下高电压导线的插头，将插头拔下几毫米后（A），可感觉到反作用力较高。此后必须向相同方向继续拔下插头（B），插头达到位置（A）后，决不允许将插头压回到高电压组件上，因为这样会造成高电压组件上的插头损坏。

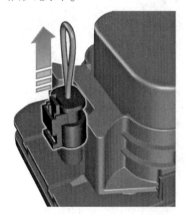

图 3-3 松开高电压触点监控电桥　　图 3-4 松开机械锁止件　　图 3-5 拔出高电压导线的插头

2. 比亚迪 e5 电动汽车高压互锁系统

比亚迪 e5 电动汽车高压互锁系统如图 3-6 所示。

(1)高压互锁系统的作用与原理。

比亚迪 e5 纯电动汽车高压互锁系统的作用与原理与宝马 i3 纯电动汽车基本一致,互锁回路分别经过 BMS、PTC、VTOG 和电池包,当回路中的任何一个位置断开时,高压控制系统将会切断高压输出,以确保安全。

(2)互锁插头的结构形式。

比亚迪 e5 纯电动汽车高压互锁系统中除 PTC 的互锁插头是与高压连接插头做在一起外(图 3-7),其余部分插头均安放在低压线束插头上。

(3)互锁插头的工作过程。

当拔掉 PTC 的高压插头或与 PTC 互锁相连接的 B52 插头以及高压互锁系统相关部件

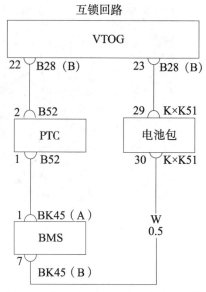

图 3-6 比亚迪 e5 纯电动汽车高压互锁系统的组成

的插头时,高压电输出将被强行中断,在这过程中主接触器有拉弧烧蚀损坏的风险,所以在进行相关操作时,务必先按标准要求进行高压断电操作。

图 3-7 PTC 互锁插头结构图

二、任务实施

车主反映一辆比亚迪 e5 纯电动汽车无法行驶,组合仪表上的"OK"灯不亮(图 3-8)。请进行检查,判断该车的故障,并解释原因。

图 3-8　比亚迪 e5 纯电动汽车组合仪表

(一) 准备工作

在新能源汽车检修一体化学习站,准备如下实训设备、仪器设备、工量具。

(1)车辆:比亚迪 e5 纯电动汽车一辆。

(2)工量具、仪器设备:绝缘工具、绝缘手套、万用表、兆欧表等。

(3)辅助工具:二氧化碳灭火器、碎布、手电筒。

(4)其他材料:比亚迪 e5 纯电动汽车维修手册等。

(二) 技术要求与注意事项

(1)在进行高压相关操作前,维修人员必须穿戴好劳保用品,戴好绝缘手套,穿好高压绝缘鞋。

(2)在测量电压时,请勿虚接,以免出现打火花现象,造成不必要的财产损失。

(三) 操作步骤

(1)用车钥匙打开车门,做好车辆的防护措施。

(2)插入车钥匙,打开电源开关,观察车辆的组合仪表,检查各仪表是否工作正常。

(3)观察仪表所有报警灯符号,对照维修手册,了解其含义。

(4)判断实训车辆的哪个警示灯常亮异常。

(5)连接诊断电脑读取车辆故障,根据故障代码,查阅维修手册,分析并找出故障原因。

三、任务工作页

(一)个人完成以下信息的整理

(1)依据客户反映的情况和图 3-8 中仪表的显示状态,确认故障现象并分析可能的故障原因。

(2)测量 12V 电瓶电压为_____V,若低于 12V 请充电。
(3)使用故障检测仪,读取车辆的故障代码(表 3-1)。
故障代码及含义:
相关数据流:

故 障 代 码 表　　　　　　　　表3-1

编号	故障码	描　　述	应 检 查 部 位
1	P1A0000	严重漏电故障	检查动力蓄电池、四合一、加热器、空调压缩机和PTC
2	P1A0100	一般漏电故障	检查动力蓄电池、四合一、加热器、空调压缩机和PTC
3	P1A0200	BIC1 工作异常故障	采集器 1
4	P1A0300	BIC2 工作异常故障	采集器 2
5	P1A0400	BIC3 工作异常故障	采集器 3
6	P1A0500	BIC4 工作异常故障	采集器 4
7	P1A0600	BIC5 工作异常故障	采集器 5
8	P1A0700	BIC6 工作异常故障	采集器 6
9	P1A0800	BIC7 工作异常故障	采集器 7
10	P1A0900	BIC8 工作异常故障	采集器 8
11	P1A0A00	BIC9 工作异常故障	采集器 9
12	P1A0B00	BIC10 工作异常故障	采集器 10
13	P1A9800	BIC11 工作异常故障	采集器 11
14	P1A9900	BIC12 工作异常故障	采集器 12
15	P1A9A00	BIC13 工作异常故障	采集器 13

续上表

编号	故障码	描述	应检查部位
16	P1A0C00	BIC1 电压采样异常故障	电池模组 1；软件会自己屏蔽掉，无须处理，若无法屏蔽，则需更换电池模组
17	P1A0D00	BIC2 电压采样异常故障	电池模组 2；软件会自己屏蔽掉，无须处理，若无法屏蔽，则需更换电池模组
18	P1A0E00	BIC3 电压采样异常故障	电池模组 3；软件会自己屏蔽掉，无须处理，若无法屏蔽，则需更换电池模组
19	P1A0F00	BIC4 电压采样异常故障	电池模组 4；软件会自己屏蔽掉，无须处理，若无法屏蔽，则需更换电池模组
20	P1A1000	BIC5 电压采样异常故障	电池模组 5；软件会自己屏蔽掉，无须处理，若无法屏蔽，则需更换电池模组
21	P1A1100	BIC6 电压采样异常故障	电池模组 6；软件会自己屏蔽掉，无须处理，若无法屏蔽，则需更换电池模组
22	P1A1200	BIC7 电压采样异常故障	电池模组 7；软件会自己屏蔽掉，无须处理，若无法屏蔽，则需更换电池模组
23	P1A1300	BIC8 电压采样异常故障	电池模组 8；软件会自己屏蔽掉，无须处理，若无法屏蔽，则需更换电池模组
24	P1A1400	BIC9 电压采样异常故障	电池模组 9；软件会自己屏蔽掉，无须处理，若无法屏蔽，则需更换电池模组
25	P1A1500	BIC10 电压采样异常故障	电池模组 10；软件会自己屏蔽掉，无须处理，若无法屏蔽，则需更换电池模组
26	P1AA200	BIC11 电压采样异常故障	电池模组 11；软件会自己屏蔽掉，无须处理，若无法屏蔽，则需更换电池模组
27	P1AA300	BIC12 电压采样异常故障	电池模组 12；软件会自己屏蔽掉，无须处理，若无法屏蔽，则需更换电池模组
28	P1AA400	BIC13 电压采样异常故障	电池模组 13；软件会自己屏蔽掉，无须处理，若无法屏蔽，则需更换电池模组
29	P1A2000	BIC1 温度采样异常故障	采集器 1
30	P1A2100	BIC2 温度采样异常故障	采集器 2
31	P1A2200	BIC3 温度采样异常故障	采集器 3
32	P1A2300	BIC4 温度采样异常故障	采集器 4
33	P1A2400	BIC5 温度采样异常故障	采集器 5
34	P1A2500	BIC6 温度采样异常故障	采集器 6
35	P1A2600	BIC7 温度采样异常故障	采集器 7
36	P1A2700	BIC8 温度采样异常故障	采集器 8

续上表

编号	故障码	描述	应检查部位
37	P1A2800	BIC9 温度采样异常故障	采集器 9
38	P1A2900	BIC10 温度采样异常故障	采集器 10
39	P1AAC00	BIC11 温度采样异常故障	采集器 11
40	P1AAD00	BIC12 温度采样异常故障	采集器 12
41	P1AAE00	BIC13 温度采样异常故障	采集器 13
42	P1A2A00	BIC1 均衡电路故障	采集器 1
43	P1A2B00	BIC2 均衡电路故障	采集器 2
44	P1A2C00	BIC3 均衡电路故障	采集器 3
45	P1A2D00	BIC4 均衡电路故障	采集器 4
46	P1A2E00	BIC5 均衡电路故障	采集器 5
47	P1A2F00	BIC6 均衡电路故障	采集器 6
48	P1A3000	BIC7 均衡电路故障	采集器 7
49	P1A3100	BIC8 均衡电路故障	采集器 8
50	P1A3200	BIC9 均衡电路故障	采集器 9
51	P1A3300	BIC10 均衡电路故障	采集器 10
52	P1AB600	BIC11 均衡电路故障	采集器 11
53	P1AB700	BIC12 均衡电路故障	采集器 12
54	P1AB800	BIC13 均衡电路故障	采集器 13
55	P1A3400	预充失败故障	检查动力蓄电池、高压配电箱、电机控制器与 DC 总成、空调压缩机、PTC、高压线束、漏电传感器
56	P1A3522	动力蓄电池单节电压严重过高	动力蓄电池
57	P1A3622	动力蓄电池单节电压一般过高	动力蓄电池
58	P1A3721	动力蓄电池单节电压严重过低	动力蓄电池
59	P1A3821	动力蓄电池单节电压一般过低	动力蓄电池
60	P1A3922	动力蓄电池单节温度严重过高	动力蓄电池
61	P1A3A22	动力蓄电池单节温度一般过高	动力蓄电池
62	P1A3B21	动力蓄电池单节温度严重过低	动力蓄电池
63	P1A3C00	动力蓄电池单节温度一般过低	动力蓄电池
64	P1A3D00	负极接触器回检故障	电池管理器低压线束、高压电控总成
65	P1A3E00	主接触器回检故障	电池管理器低压线束、高压电控总成
66	P1A3F00	预充接触器回检故障	电池管理器低压线束、高压电控总成

续上表

编号	故障码	描述	应检查部位
67	P1A4000	充电接触器回检故障	电池管理器低压线束、高压电控总成
68	P1A4100	主接触器烧结故障	—
69	P1A4200	负极接触器烧结故障	电池包
70	P1A4300	电池管理器+15V供电过高故障	电池管理器、蓄电池
71	P1A4400	电池管理器+15V供电过低故障	电池管理器、蓄电池
72	P1A4500	电池管理器-15V供电过高故障	电池管理器、蓄电池
73	P1A4600	电池管理器-15V供电过低故障	电池管理器、蓄电池
74	P1A4700	交流充电感应信号断线故障	高压电控总成、电池管理器、低压线束
75	P1A4800	主电机开盖故障	高压电控总成
76	P1A4900	高压互锁自检故障	电池管理器、高压电控总成、低压线束
77	P1A4A00	高压互锁一直检测为高信号故障	电池管理器、高压电控总成、低压线束
78	P1A4B00	高压互锁一直检测为低信号故障	电池管理器、高压电控总成、低压线束
79	P1A4C00	漏电传感器失效故障	漏电传感器、低压线束、电池管理器
80	P1A4D04	电流霍尔传感器故障	霍尔传感器
81	P1A4E00	电池组过流告警	整车电流过大、霍尔传感器故障
82	P1A4F00	电池管理系统初始化错误	电池管理器
83	P1A5000	电池管理系统自检故障	电池管理器
84	P1A5100	碰撞硬线信号PWM异常告警（预留）	安全气囊ECU、低压线束、电池管理器
85	P1A5200	碰撞系统故障（预留）	安全气囊ECU、低压线束、电池管理器
86	P1A5500	电池管理器12V电源输入过高	蓄电池
87	P1A5600	电池管理器12V电源输入过低	蓄电池
88	P1A5700	大电流拉断接触器	整车电流过大、霍尔传感器故障
89	P1A5800	放电回路故障（预留）	—
90	P1A5900	与高压电控器通信故障	高压电控总成、低压线束
91	P1A5A00	与漏电传感器通信故障	漏电传感器、低压线束

续上表

编号	故障码	描述	应检查部位
92	U110387	与气囊 ECU 通信故障	气囊 ECU、低压线束
93	P1A5C00	分压接触器 1 回检故障	分压接触器、模组采样通信线
94	P1A5D00	分压接触器 2 回检故障	分压接触器、模组采样通信线
95	U20B000	BIC1 CAN 通信超时故障	采集器、CAN 线
96	U20B100	BIC2 CAN 通信超时故障	采集器、CAN 线
97	U20B200	BIC3 CAN 通信超时故障	采集器、CAN 线
98	U20B300	BIC4 CAN 通信超时故障	采集器、CAN 线
99	U20B400	BIC5 CAN 通信超时故障	采集器、CAN 线
100	U20B500	BIC6 CAN 通信超时故障	采集器、CAN 线
101	U20B600	BIC7 CAN 通信超时故障	采集器、CAN 线
102	U20B700	BIC8 CAN 通信超时故障	采集器、CAN 线
103	U20B800	BIC9 CAN 通信超时故障	采集器、CAN 线
104	U20B900	BIC10 CAN 通信超时故障	采集器、CAN 线
105	U20BA00	BIC11CAN 通信超时故障	采集器、CAN 线
106	U20BB00	BIC12CAN 通信超时故障	采集器、CAN 线
107	U20BC00	BIC13CAN 通信超时故障	采集器、CAN 线
108	U029700	有感应信号但没有车载报文故障	车载充电器、低压线束
109	U012200	有感应信号但没有启动 BMS 报文故障(低压 BMS)	蓄电池、低压线束
110	P1A6000	高压互锁故障	电池管理器、高压电控总成、低压线束
111	U029787	与车载充电器通信故障	车载充电器、低压线束
112	U023487	与电池加热器通信故障	电池加热器、低压线束

(4)根据图 3-6(比亚迪 e5 纯电动汽车高压互锁系统组成图)及图 3-9~图 3-11 所给出的针脚号(表 3-2~表 3-4 分别为图 3-9~图 3-11 的注释)对相关线路进行导通性测量。

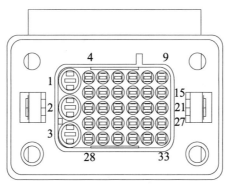

图 3-9　高压电控系统低压接插件 2(33pin)

低压接插件 2 (33pin) 针脚定义表 表 3-2

引脚号	端口名称	端口定义	线束接法	电源性质(比如:常电)	备注
1	CP	充电控制确认 CP	接交流充电口		
2					
3		充电感应信号	接 BMS		
4		双路电电源	接 IG3 电	IG3 双路电	
5		双路电电源	接 IG3 电		
6		充电连接信号	接 BCM		
7	CC	充电连接确认 CC	接交流充电口		
8		GND 双路电电源地		双路电	
9		GND 双路电电源地			
10		GND 直流霍尔屏蔽地	接 BMS		
11		直流充电接触器烧结检测信号	接 BMS		
12		直流充电接触器烧结检测信号地	车身搭铁		
13	GND	CAN 屏蔽地			
14		CAN_H	动力网		
15		CAN_L	动力网		
16		直流霍尔电源 +	接 BMS		
17		直流霍尔电源 –	接 BMS		
18		直流霍尔信号	接 BMS		
19	车身搭铁	充电口温度检测信号地	车身搭铁		
20		充电口温度检测	接交流充电口		
21					
22	驱动/充电	高压互锁 +			
23		高压互锁 –			
24		主接触器/预充接触器电源	接 IG3 电		
25		直流充电正负极接触器电源	接 IG3 电		
26					
27					
28					
29		主预充接触器控制信号	接 BMS		

续上表

引脚号	端口名称	端口定义	线束接法	电源性质(比如:常电)	备注
30		直流充电正极接触器控制信号	接BMS		
31		直流充电负极接触器控制信号	接BMS		
32		主接触器控制信号	接BMS		
33					

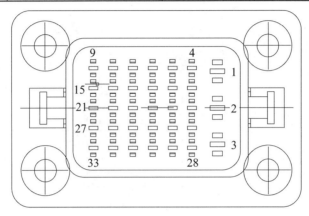

图3-10 动力蓄电池包出线端接插件投影图

动力蓄电池出线引脚定义表 表3-3

引脚号	端口名称	端口定义	线束接法	信号类型	稳态工作电流（A）	冲击电流和堵转电流（A）	电源性质（比如：常电）	备注（可否共用保险等）
1	空端子	空端子						
2	空端子	空端子						
3	空端子	空端子						
4	级联模块 CAN-L	级联模块 CAN-L	BMC03-1					
5	级联模块 CAN 屏蔽搭铁	级联模块 CAN 屏蔽搭铁	BMC03-2					
6	负极接触器电源	负极接触器电源	BMC03-20	电压				
7	空端子	空端子	空端子					
8	空端子	空端子	空端子					
9	空端子	空端子	空端子					
10	级联模块 CAN-H	级联模块 CAN-H	BMC03-8					
11	级联模块电源正	级联模块电源正	BMC03-7					

续上表

引脚号	端口名称	端口定义	线束接法	信号类型	稳态工作电流（A）	冲击电流和堵转电流（A）	电源性质（比如：常电）	备注（可否共用保险等）
12	空端子	空端子	空端子					
13	负极接触器控制	负极接触器控制	BMC03-10		0.1A	1.2A		
14	空端子	空端子	空端子					
15	空端子	空端子	空端子					
16	级联模块搭铁	级联模块搭铁	BMC03-26					
17	空端子	空端子	空端子					
18	空端子	空端子	空端子					
19	空端子	空端子	空端子					
20	空端子	空端子	空端子					
21	空端子	空端子	空端子					
22	空端子	空端子	空端子					
23	正极接触器电源	正极接触器电源	BMC03-21	电压				
24	空端子	空端子	空端子					
25	空端子	空端子	空端子					
26	空端子	空端子	空端子					
27	空端子	空端子	空端子					
28	正极接触器控制	正极接触器控制	BMC03-11		0.1A	1.2A		
29	高压互锁输入	高压互锁输入	电控33pin-23					
30	高压互锁输出	高压互锁输出	BMC02-7					
31	空端子	空端子	空端子					
32	空端子	空端子	空端子					
33	空端子	空端子	空端子					

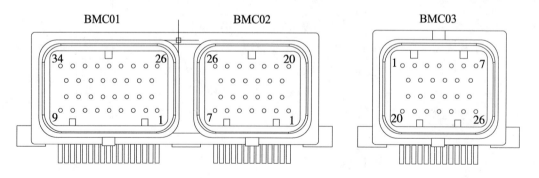

图3-11 电池管理系统接插器

BMC01、BMC02、BMC03 引脚定义表　　　表 3-4

引脚号	端口名称	端口定义	线束接法	信号类型	稳态工作电流（A）	冲击电流和堵转电流（A）	电源性质（比如：常电）	备注（可否共用保险等）
BMC01-1	高压互锁输出信号	高压互锁输出信号	PTC 高压互锁-1	PWM 波				
BMC01-2	烧结检测信号	烧结检测信号	电控33pin-11	空端子				
BMC01-3	空端子	空端子	空端子	空端子				
BMC01-4	空端子	空端子	空端子	空端子				
BMC01-5	空端子	空端子	空端子	空端子				
BMC01-6	车身搭铁	车身搭铁	接整车线束					
BMC01-7	空端子	空端子	空端子	空端子				
BMC01-8	空端子	空端子	空端子	空端子				
BMC01-9	主接触器拉低控制信号	主接触器拉低控制信号	电控33pin-32		0.5A			
BMC01-10	空端子	空端子	空端子	空端子				
BMC01-11	空端子	空端子	空端子	空端子				
BMC01-12	空端子	空端子	空端子	空端子				
BMC01-13	空端子	空端子	空端子	空端子				
BMC01-14	12V 常电	12V 常电	接整车线束	电压				
BMC01-15	空端子	空端子	空端子	空端子				
BMC01-16	空端子	空端子	空端子	空端子				
BMC01-17	主预充接触器拉低控制信号	主预充接触器拉低控制信号	电控33pin-29		0.25A			
BMC01-18	空端子	空端子	空端子					
BMC01-19	空端子	空端子	空端子					
BMC01-20	空端子	空端子	空端子					
BMC01-21	空端子	空端子	空端子	空端子				
BMC01-22	空端子	空端子	空端子	空端子				
BMC01-23	空端子	空端子	空端子	空端子				
BMC01-24	空端子	空端子	空端子	空端子				
BMC01-25	直流充电负极接触器拉低控制信号	直流充电负极接触器拉低控制信号	电控33pin-31	空端子				
BMC01-26	电流霍尔信号	电流霍尔信号	电控33pin-18					

续上表

引脚号	端口名称	端口定义	线束接法	信号类型	稳态工作电流（A）	冲击电流和堵转电流（A）	电源性质（比如：常电）	备注（可否共用保险等）
BMC01-27	电流霍尔+15V	电流霍尔+15V	电控33pin-16	电压				
BMC01-28	电流霍尔信号屏蔽搭铁	电流霍尔信号屏蔽搭铁	电控33pin-10					
BMC01-29	电流霍尔−15V	电流霍尔−15V	电控33pin-17	电压				
BMC01-30	车身搭铁	车身搭铁	接整车线束					
BMC01-31	仪表指示灯控制信号	仪表指示灯控制信号	接仪表	电压				
BMC01-32	空端子	空端子	空端子	空端子				
BMC01-33	直流充电正极接触器拉低控制信号	直流充电正极接触器拉低控制信号	电控33pin-30					
BMC01-34	交流充电接触器控制信号	交流充电接触器控制信号	电控33pin-32		<1A			
BMC02-1	12VDC	12VDC	接整车线束	电压	1.5A		双路电	
BMC02-2	空端子	空端子	空端子	空端子				
BMC02-3	空端子	空端子	空端子	空端子				
BMC02-4	直流充电感应信号	直流充电感应信号	直流充电口-03					
BMC02-5	空端子	空端子	空端子	空端子				
BMC02-6	车身搭铁	车身搭铁	接整车线束					
BMC02-7	高压互锁输入信号	高压互锁输入信号	电池包33pin-30	PWM				
BMC02-8	空端子	空端子	空端子	空端子				
BMC02-9	空端子	空端子	空端子	空端子				
BMC02-10	空端子	空端子	空端子	空端子				
BMC02-11	直流温度传感器高	直流温度传感器高	直流充电口-07					
BMC02-12	空端子	空端子	空端子	空端子				
BMC02-13	直流温度传感器低	直流温度传感器低	直流充电口-08					
BMC02-14	直流充电口CAN2-H	直流充电口CAN2-H	直流充电口-05					

续上表

引脚号	端口名称	端口定义	线束接法	信号类型	稳态工作电流（A）	冲击电流和堵转电流（A）	电源性质（比如：常电）	备注（可否共用保险等）
BMC02-15	CAN1-H(整车)	CAN1-H(整车)	接整车低压线束动力网					
BMC02-16	整车CAN屏蔽搭铁	整车CAN屏蔽搭铁	接整车低压线束					
BMC02-17	空端子	空端子	空端子	空端子				
BMC02-18	车载充电感应信号	车载充电感应信号	电控33pin-3					
BMC02-19	空端子	空端子	空端子	空端子				
BMC02-20	直流充电口CAN2-L	直流充电口CAN2-L	直流充电口-04					
BMC02-21								
BMC02-22	CAN1-L(整车)	CAN1-L(整车)	接整车低压线束动力网					
BMC02-23	空端子	空端子	空端子	空端子				
BMC02-24	空端子	空端子	空端子	空端子				
BMC02-25	碰撞信号	碰撞信号	接后碰ECU	PWM				
BMC02-26	空端子	空端子	空端子	空端子				
BMC03-1	级联模块CAN-L	级联模块CAN-L	电池包33pin-4					
BMC03-2	级联模块CAN屏蔽搭铁	级联模块CAN屏蔽搭铁	电池包33pin-5					
BMC03-3	空端子	空端子	空端子					
BMC03-4	空端子	空端子	空端子					
BMC03-5	空端子	空端子	空端子	空端子				
BMC03-6	空端子	空端子	空端子					
BMC03-7	级联模块电源正	级联模块电源正	电池包33pin-11					
BMC03-8	级联模块CANH	级联模块CANH	电池包33pin-10					
BMC03-9	空端子	空端子	空端子	空端子				
BMC03-10	负极接触器拉低控制信号	负极接触器拉低控制信号	电池包33pin-13					

续上表

引脚号	端口名称	端口定义	线束接法	信号类型	稳态工作电流（A）	冲击电流和堵转电流（A）	电源性质（比如：常电）	备注（可否共用保险等）
BMC03-11	正极接触器拉低控制信号	正极接触器拉低控制信号	电池包33pin-28					
BMC03-12	空端子	空端子	空端子	空端子				
BMC03-13	空端子	空端子	空端子					
BMC03-14	空端子	空端子	空端子					
BMC03-15	空端子	空端子	空端子					
BMC03-16	空端子	空端子	空端子	空端子				
BMC03-17	空端子	空端子	空端子	空端子				
BMC03-18	空端子	空端子	空端子					
BMC03-19	空端子	空端子	空端子	空端子				
BMC03-20	负极接触器电源	负极接触器电源	电池包33pin-6					
BMC03-21	正极接触器电源	正极接触器电源	电池包33pin-23					
BMC03-22	空端子	空端子	空端子	空端子				
BMC03-23	空端子	空端子	空端子	空端子				
BMC03-24	空端子	空端子	空端子					
BMC03-25	空端子	空端子	空端子	空端子				
BMC03-26	级联模块搭铁	级联模块搭铁	电池包33pin-16					

（5）查阅教材及其他资料，完成以下内容。

"三不落地"是指_____、_____、_____不落地。

5S 管理是指_____、_____、_____、_____、_____。

安全永远是我们要铭记的准则。在进行电动汽车高压部件检修前，应先关闭_____，断开_____，戴上绝缘手套，拔下_____，并等待_____min 后才能操作。

（二）小组完成维修方案的制订

根据故障现象，我们需要查阅维修手册、准备工量具，为故障检修做好准备。

小组分工：

步骤一：

步骤二：

步骤三：

步骤四：

四、评价与反馈

学习评价见表3-5。

学 习 评 价 表　　　　　　　　　　　表3-5

班级_____　小组_____　学号_____　姓名_____

项目内容	主要测评项目	学生自评			
		A	B	C	D
关键能力总结	1. 遵守纪律，遵守学习场所管理规定，服从安排； 2. 具有安全意识、责任意识，5S管理意识，注重节约、节能与环保； 3. 学习态度积极主动，能按时参加老师安排的实习活动； 4. 具有团队合作意识，注重沟通，能自主学习及相互协作； 5. 仪容仪表符合学习活动要求				
专业知识与能力总结	1. 能描述元件的名称及作用； 2. 能正确查阅维修手册及其他资料； 3. 能制订完整的故障排除任务实施方案				
个人自评					
小组评价					
教师评价		总评成绩			

教师签字：　　　　　　　　　　　　　　　　日期：

学习任务4　混合动力电动汽车绝缘不良故障诊断

学习目标

1. 了解高压电绝缘监控系统的组成；
2. 能掌握高压电绝缘监控系统的作用及工作原理；
3. 能排除高压电绝缘监控系统的相关故障。

建议课时

4课时。

任务描述

有一辆广汽 GA5 REV 车辆行驶中报"降功率行驶/严重故障、联系维修"，请分析其故障原因并予以排除。

一、信息收集

对于电动汽车，因考虑到其高压电的危害性，在车上需要提供绝缘电阻监控系统，依据《电动汽车安全要求　第3部分：人员触电防护》(GB/T 18384.3—2015)，在监测到绝缘电阻小于100Ω/V时，电路自动断开。

绝缘监控功能确定带电高电压部件(例如高电压导线)与车辆搭铁间的绝缘电阻是否高于或低于所需低限值。如果绝缘电阻低于低限值，就会存在车辆部件带有危险电压的可能。如果有人员接触第二个带电高电压部件，就会存在电击危险。因此，新能源车的高压电系统都应具备全自动绝缘监控功能。

(一)宝马电动汽车高压绝缘监控系统的工作原理

在电动车辆中，高压电的正负两极与车身绝缘，因此，通过测量高压电的正负两极与车身之间的电压就可以判断出是否存在绝缘故障。

安全盒 S-BOX 在高电压系统启用期间通过定期(约每隔5s)测量电阻两端的电压进行绝缘监控(间接绝缘监控)，安全盒 S-BOX 通过局域 CAN 将相关结果发至高压电池管理单元(SME 控制单元)，并对这些测量结果进行分析。在此车辆搭铁作为参考电位使用,因此为了确保测量准确,防止因存在电势差而造成的触电危险,在高压组件的外壳或者可导电的外盖等部件之间都必须采用等电位导线与车身支架相连的方式,以达到等电位的效果。在欧盟,ECER100 中针对等电位也作出了相关规定,要求高压组件外壳至车身任一点之间的电阻不大于 0.10Ω。只有在各高压部件都满足等电位要求的情况下,这种监控方式才能确定所有高压组件出现的绝缘故障。

(二)宝马电动汽车高压绝缘监控系统的监控过程

如图 4-1 所示,高压系统无漏电故障,V_1、V_2 电压表所连接的电阻均无电流通过,电压均为零;如图 4-2 所示,高压系统正极对车身短路,V_1 电压表所连接的电阻无电流通过,V_1 电压为零,V_2 电压表所连接的电阻有电流通过,V_2 有电压(电压高低与短路电阻相关);如图 4-3 所示,高压系统负极对车身短路,V_2 电压表所连接的电阻无电流通过,V_2 电压为零,V_1 电压表所连接的电阻有电流通过,V_1 有电压(电压高低与短路电阻相关)。

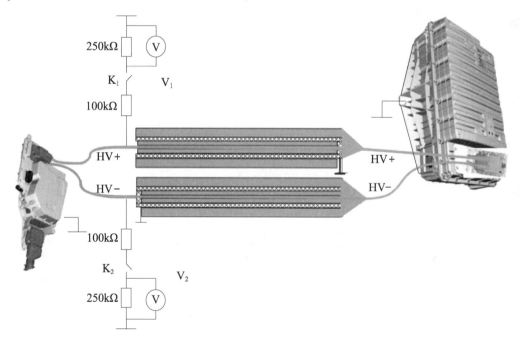

图 4-1 正常状态

绝缘监控分两步进行。绝缘电阻低于第一限值时,对人员尚不构成直接危险。因此高电压系统仍保持启用状态,不会发出检查控制信息,但会在故障代码存储器内存储故障状态。这样便于售后服务人员在下次维修时加以注意并检查高电压系统。当低于较低的绝缘电阻第二限值时,不仅会在故障代码存储器内存储记录,而且还会发出检查控制信息,提示驾驶员到维修车间进行检查。由于这种绝缘故障不会对客户或售后服务人员造成直接危害,因此,高压电系统保持启用状态且客户可以继续行驶。不过还是应该尽快到 BMW 维修站点进行高压电系统检查。

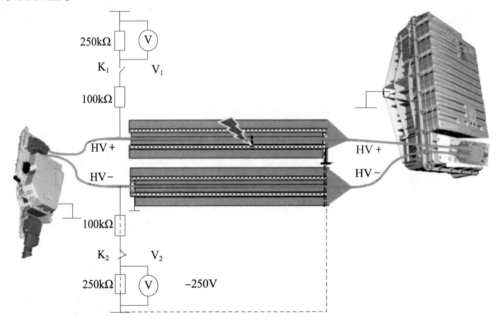

图 4-2　高压正极搭铁漏电状态

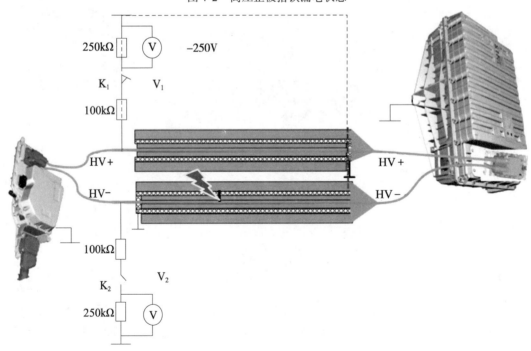

图 4-3　高压负极搭铁漏电状态

二、任务实施

有一辆广汽 GA5 REV 电动汽车行驶中报"降功率行驶/严重故障、联系维修",请分析其故障原因并排除。

(一)准备工作

在新能源汽车检修一体化学习站,准备如下实训设备、仪器设备、工量具:

(1)车辆:广汽 GA5 REV 电动汽车一辆。

(2)工量具、仪器设备:绝缘工具、绝缘手套、万用表、兆欧表等。

(3)辅助工具:二氧化碳灭火器、碎布、手电筒。

(4)其他材料:广汽 GA5 REV 维修手册等。

(二)技术要求与注意事项

(1)在进行高压相关操作前,维修人员必须穿戴好劳保用品,戴好绝缘手套,穿好高压绝缘鞋。

(2)在测量电压时,请勿虚接,以免出现打火花现象,造成不必要的财产损失。

(三)操作步骤

(1)用车钥匙打开车门,做好车辆的防护措施。

(2)插入车钥匙,打开电源开关,观察车辆的组合仪表,检查各仪表是否工作正常。

(3)观察仪表所有报警灯符号,对照维修手册,了解其含义。

(4)判断实训车辆的哪个警示灯常亮异常。

(5)连接诊断电脑读取车辆故障,根据故障代码,查阅维修手册,分析并找出故障原因。

三、任务工作页

(一)个人完成以下信息的整理

依据客户反映的情况确认故障现象。

(二)小组完成维修方案的制订

根据故障现象,我们需要查阅维修手册、准备工量具,为故障检修做好准备。

小组分工：

步骤一：

步骤二：

步骤三：

步骤四：

(三)故障诊断与维修

1.连接诊断设备,读取车辆故障码

车辆故障代码如图4-4所示。

10	混动控制系统	1110003BAC0300H.B	1110003BAC0300S.B	1110003BAC0300	U007388	历史的	HCAN总线关闭	08
11	混动控制系统	1110003BAC0300H.B	1110003BAC0300S.B	1110003BAC0300	P171019	历史的	DCDC输出电流超出阈值	08
12	混动控制系统	1110003BAC0300H.B	1110003BAC0300S.B	1110003BAC0300	P16C119	历史的	高压电池充电电流过大(1级)	08
13	混动控制系统	1110003BAC0300H.B	1110003BAC0300S.B	1110003BAC0300	U10C287	历史的	丢失与充电机的通信超过1秒	08
14	混动控制系统	1110003BAC0300H.B	1110003BAC0300S.B	1110003BAC0300	P0AA601	历史的	高压电池系统绝缘故障	08
15	混动控制系统	1110003BAC0300H.B	1110003BAC0300S.B	1110003BAC0300	P169796	当前的	BMS故障级别4	8B
16	集成启动发电机	1520007BAC0000H.0	1520007BAC0000S.1	1520007BAC0000	无故障码			

图4-4 车辆故障码

(1)确认当前故障码是否有当前的、BMS故障级别4；历史的/当前的、高压电池系统绝缘故障。

(2)如有上述故障,初步判断为"三电"(电池、电机、电控)系统部件绝缘故障。

2.故障维修

(1)检测"三电"高压系统部件是否绝缘,首先必须切断动力蓄电池B包手动维修开关及12V蓄电池负极(图4-5)。

(2)检测动力蓄电池A、B包的绝缘情况。

①拆开动力蓄电池A、B包相互连接的高压线接插件(图4-6的①位置),利用绝缘表分别检测该点接插件(1#、2#)针脚的绝缘值(正常绝缘值为550MΩ),1#绝缘值为_____Ω,2#绝缘值为_____Ω,只要1#、2#针脚绝缘值有一个

小于550MΩ,可判定为动力蓄电池 A 包绝缘故障,检查该线束的状态(是否破皮、压坏),如线束无异常,则需更换动力蓄电池 A 包。

图 4-5　动力蓄电池及 12V 蓄电池

②利用绝缘表检测动力蓄电池 B 包(1#、2#)针脚(图 4-6 的②位置)的绝缘值,(正常绝缘值为 550MΩ),1#绝缘值为＿＿＿＿Ω,2#绝缘值为＿＿＿＿Ω,只要 1#、2#针脚绝缘值有一个小于 550MΩ,可判定为动力蓄电池 B 包绝缘需更换。

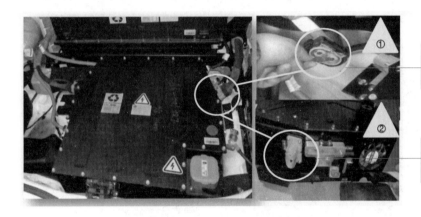

图 4-6　动力蓄电池 A、B 包检测

(3)检测空调系统高压线绝缘情况。

①拆开动力蓄电池 B 包空调系统高压线连接的接插件(图 4-7 的③位置),检测该线束接插件(1#、2#针脚)的绝缘值(正常绝缘阻值为 550MΩ),1#绝缘值为＿＿＿＿Ω,2#绝缘值为＿＿＿＿Ω,只要 1#、2#针脚绝缘值有一个小于 550MΩ,请检查该接插件到机舱位置空调压缩机处的线束安装状态(端子有无异常、线束有无破皮)。

②拆开空调压缩机高压接插件,用绝缘表检测空调压缩机 1#、2#内部绝缘情况(图 4-7 的④位置),(正常绝缘阻值为 550MΩ),1#绝缘值为＿＿＿＿Ω,2#绝缘值为＿＿＿＿Ω,只要 1#、2#针脚绝缘值有一个小于 550MΩ,可判定为空调压缩机内部绝缘问题,需更换空调压缩机。

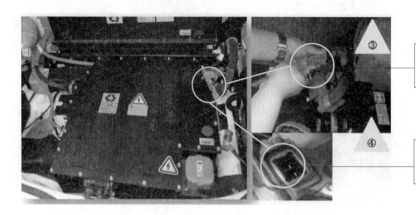

图 4-7　空调系统高压线检测

（4）检测充电机绝缘情况。

拆开动力蓄电池 B 包充电机连接的高压系统接插件（图 4-8 的⑤位置），检测该线束接插件（1#、2#针脚）的绝缘值（正常绝缘阻值＞550MΩ），1#绝缘值为＿＿＿＿＿Ω，2#绝缘值为＿＿＿＿＿Ω，如果 1#、2#针脚绝缘值都小于 550MΩ，请检查该段线束的状态（有无破皮、端子有无异常）和充电机的外观状态。

图 4-8　充电机绝缘检测

（5）检测三合一控制器系统绝缘情况。

①拆开动力蓄电池 B 包三合一控制器系统连接的接插件（图 4-9 的 A 点/图 4-10），检测该线束接插件（1#、2#针脚）的绝缘值（正常绝缘阻值 550MΩ），1#绝缘值为＿＿＿＿＿Ω，2#绝缘值为＿＿＿＿＿Ω，如果 1#、2#针脚绝缘值都小于 550MΩ，拆开三合一控制器连接的接插件（图 4-9 的 B 点/图 4-11），检测该点的绝缘值。如绝缘值不符，则可判断为＿＿＿＿＿＿＿＿＿＿＿＿＿＿＿＿＿＿。

②用绝缘表检测三合一控制器针脚 1#、2#（B 点）的绝缘值，如绝缘值不符，拆开控制器与发电机连接的接插件（图 4-9 的 C 点/图 4-12），分别检测 U、V、W 三个端子。如绝缘值不符，则判定发电机绝缘不良，反之，则拆开控制器与驱动

电机连接的接插件(图4-9的D点/图4-13),分别检测U、V、W三个端子,如阻值不符,则判定为_____绝缘不良。如发电机及驱动电机绝缘值均符合,则为_____故障。

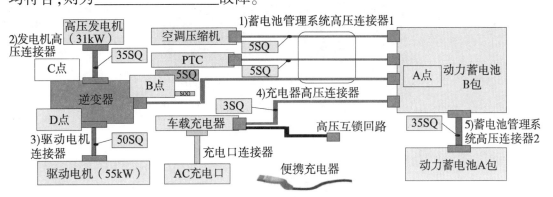

图4-9　三合一控制器系统检测原理图

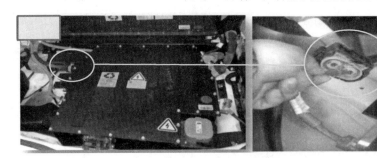

图4-10　三合一控制器系统检测实物图一

图4-11　三合一控制器系统检测实物图二

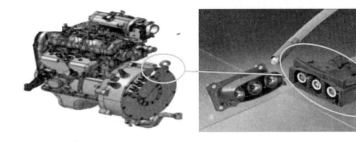

图4-12　三合一控制器系统检测实物图三

分别检测线束端子U、V、W针脚绝缘值

图 4-13　三合一控制器系统检测实物图四

四、评价与反馈

学习评价见表 4-1。

学 习 评 价 表　　　　　　　　　　　　　　表 4-1

班级_____　小组_____　学号_____　姓名_____

项目内容	主要测评项目	学生自评			
		A	B	C	D
关键能力总结	1.遵守纪律,遵守学习场所管理规定,服从安排; 2.具有安全意识、责任意识、5S管理意识,注重节约、节能与环保; 3.学习态度积极主动,能按时参加老师安排的实习活动; 4.具有团队合作意识,注重沟通,能自主学习及相互协作; 5.仪容仪表符合学习活动要求				
专业知识与能力总结	1.能描述元件的名称及作用; 2.能正确查阅维修手册及其他资料; 3.能制订完整的故障排除任务实施方案				
个人自评					
小组评价					
教师评价		总评成绩			

教师签字：　　　　　　　　　　　　　　　　　　日期：

项目三　新能源汽车空调系统检修

本项目主要学习新能源汽车空调系统检修步骤及注意事项,分为三个任务:
学习任务5　电动空调不制冷故障诊断;
学习任务6　电动空调制冷量不足故障诊断;
学习任务7　空调系统不制暖故障诊断与排除。
通过学习,掌握新能源汽车空调系统检修原理,能够进行空调系统检修。

学习任务5　电动空调不制冷故障诊断

学习目标

1. 能说出电动空调制冷系统的组成、工作原理;
2. 能独立分析出电动空调不制冷的故障原因;
3. 能熟练排除电动空调不制冷故障。

建议课时

8课时。

任务描述

一辆北汽生产的纯电动汽车EV200,车主反映打开空调制冷开关后没有冷气。请进行检查,判断该车的空调制冷系统是否正常,并解释原因。

一、信息收集

(一)新能源汽车空调系统的作用、组成

1. 新能源汽车空调系统的作用

新能源汽车空调系统的作用是根据室外环境随时调节汽车内部的温度、湿

度和通风状况,改善车内空气质量,保持最舒适的驾车环境。

2. 新能源汽车空调系统的组成

新能源汽车空调系统由制冷系统(图5-1)、供暖系统(图5-2)、通风和空气净化装置(图5-3)及控制系统(图5-4)组成。

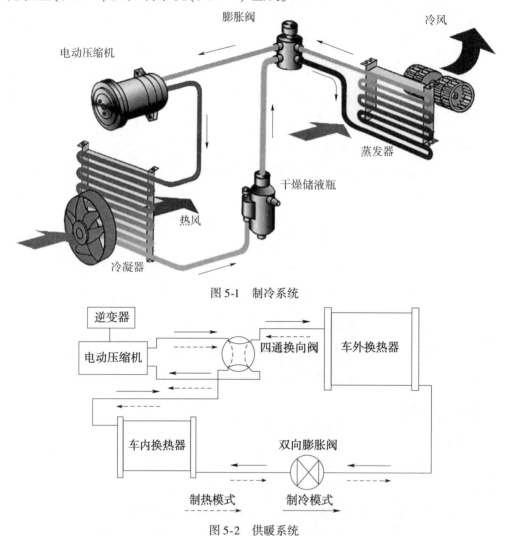

图 5-1 制冷系统

图 5-2 供暖系统

(二)新能源汽车空调制冷系统的组成及工作原理

1. 新能源汽车空调制冷系统的组成

目前国内常见的新能源汽车主要包括纯电动汽车(EV)和混合动力汽车(HEV),新能源汽车空调除了压缩机和控制模式变化以外,其他主要零部件还是沿用燃油汽车空调的零部件。新能源汽车空调制冷系统由电动压缩机、冷凝器、干燥储液瓶、膨胀阀、蒸发器五部分组成。

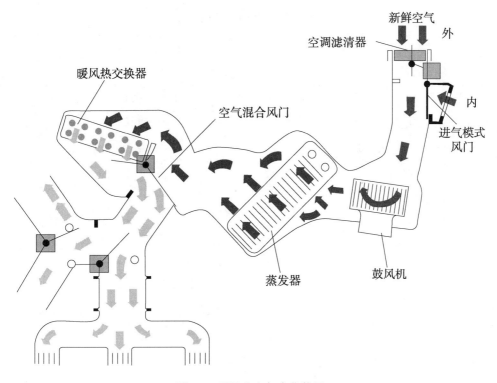

图5-3 通风和空气净化装置

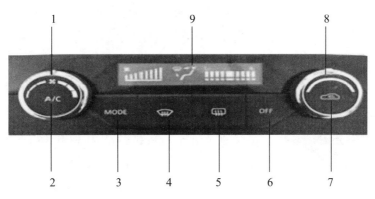

图5-4 空调控制面板

1-鼓风机风速开关；2-空调制冷开关；3-出风模式调节键；4-前风窗玻璃除霜开关；5-后风窗玻璃除霜开关；6-空调关闭键；7-内/外循环开关；8-暖风开关；9-液晶显示屏

（1）电动压缩机。

电动压缩机（图5-5）是新能源汽车空调制冷系统的心脏，起着压缩和输送制冷剂蒸气的作用。北汽EV200纯电动汽车的空调制冷系统的电动压缩机由内置电动机驱动，空调变频器提供交流电驱动压缩机。电动压缩机的参数见表5-1。

图5-5 电动压缩机

电动压缩机的参数表 表5-1

工作电压范围	220V~420VDC
额定输入电压	384VDC
实际输入功率	1000~1500W
控制电源电压范围	9~15VDC
控制电源最大输入电流	500mA
电机类型	直流无刷无传感器电机,6极
最大使用转速	3500r/min
最小使用转速	1500r/min
转速误差	<1%
排量	27cc/rev
制冷剂	R134a
冷冻油	RL68H(POE68)
最大使用制冷量	2500W

(2)冷凝器。

冷凝器(图5-6)的作用是把电动压缩机排出的高温高压气态制冷剂的热量传给大气,使制冷剂冷凝成液体。冷凝器中制冷剂的液化,需要释放大量的热量,所以车载空调冷凝器大多布置在车头散热水箱前面,由冷却系统风扇或冷凝器风扇或两者共同进行冷却。汽车空调系统的冷凝器是一种由管子与铝散热片组合起来的热交换设备。冷凝器的材料可以是铜、钢、铝,现在以铝制居多。冷凝器中的管子做成各种盘管状,散热片是为了增大冷凝器的散热面积,而且可支承盘管。

图5-6 冷凝器

(3)干燥储液瓶。

干燥储液瓶(图5-7)的作用是储存液体,吸收水分,过滤脏物,观察制冷剂流动工况。干燥储液瓶一般是密封焊死的钢制或铝制压力容器,通常不能拆装,里面放有干燥剂和过滤网。从冷凝器过来的高压液态制冷剂从上部进入瓶中,经过过滤干燥后,从底部由引管排出至膨胀阀。

(4)膨胀阀。

膨胀阀(图5-8)的作用是当高压中温液态制冷剂经过膨胀阀内部的小孔径

装置后,其流量因受到节制而减少,减少流量的制冷剂进入有较大空间的蒸发器后,压力降低,制冷剂雾化成液态微粒,温度随着压力同时降低。压力降低使制冷剂立即产生蒸发的物理变化,同时要吸收大量的热量。

目前新能源汽车上使用的膨胀阀广泛使用 H 型膨胀阀。

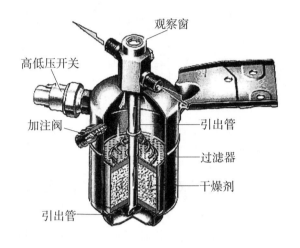

图 5-7　干燥储液瓶　　　　　图 5-8　H 型膨胀阀

(5)蒸发器。

蒸发器(图 5-9)的作用是将膨胀阀出来的低压制冷剂蒸发而吸收车内空气的热量,从而达到车内降温的目的。其工作原理与冷凝器刚好相反,从膨胀阀进入蒸发器的制冷剂由于体积突然膨胀而变成低温低压雾状微粒,这种状态的制冷剂极易汽化,汽化时将吸收周围(车内)大量的热量。

2. 新能源汽车空调制冷系统的工作原理

新能源汽车空调制冷系统由电动机驱动的压缩机将气态的制冷剂从蒸发器中抽出,并将其压入

图 5-9　蒸发器

冷凝器。高压气态制冷剂经冷凝器时液化而进行热交换(放热),热量被车外的空气带走。高压液态的制冷剂经膨胀阀的节流作用而降压,低压液态制冷剂在蒸发器中汽化而进行热交换(吸热),气态的制冷剂又被压缩机抽走,泵入冷凝器,如此使得制冷剂进行封闭的循环流动,不断将车厢内的热量排到车外,使车厢内的气温降至适宜的温度。

新能源汽车空调制冷系统的工作原理如图 5-10 所示。

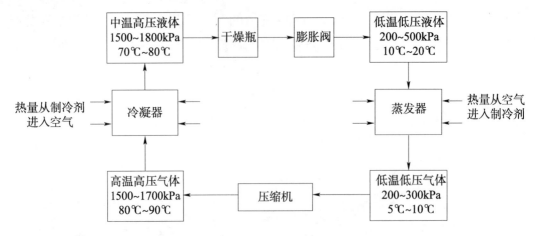

图 5-10 新能源汽车空调制冷系统的工作原理

(三) 新能源汽车空调制冷系统的控制原理

(1) 当风速开关挡位在 0 挡位时,按 A/C 键无效,风速为其他挡位时,A/C 按键有效。

(2) ECC 检查蒸发器温度传感器温度大于 0℃,则控制器通过 CAN 总线给 EAS 发送指令,运行压缩机开启,冷凝风扇工作。

(3) ECC 采集蒸发器温度和室内温度值,通过 CAN 总线给 EAS 发送指令,压缩机按设定转速运行,前后两次压缩机开启之间需要至少 30s 时间间隔,鼓风机调整到 0 挡位时,则关闭压缩机,A/C 键指示灯熄灭,冷凝风扇停止工作。

(4) ECC 发送空调系统状态信号到 CAN 总线,在制冷状态时,按下 HEAT 键,该指示灯点亮,A/C 键指示灯熄灭,压缩机关闭,PTC 工作。

二、任务实施

一辆北汽 EV200 的车主反映,打开汽车空调系统上的 A/C 开关之后,汽车空调制冷系统无任何反应,作为北汽新能源汽车维修店的技术员,请你对该辆汽车进行检修,并排除故障。

(一) 准备工作

在新能源汽车检修一体化学习站,准备如下实训设备、仪器设备、工量具:

(1) 车辆:北汽 EV200 电动汽车一辆。

(2) 工量具、仪器设备:绝缘工具、绝缘手套、万用表、兆欧表、空调歧管压力表等。

(3) 辅助工具:二氧化碳灭火器、碎布、手电筒。

(4)其他材料:北汽 EV160/EV200 维修手册、汽车故障诊断与维修鱼刺图、实训任务指导书等。

(二)技术要求与注意事项

(1)在进行高压相关操作前,维修人员必须穿戴好劳保用品,戴好绝缘手套,穿好高压绝缘鞋。

(2)在测量电压时,请勿虚接,以免出现打火花现象,造成不必要的财产损失。

(3)压缩机控制器内部电路自身会在 3min 内放电完毕,若不进行强制放电,则需要等待 3min 再取下压缩机控制器,以避免电击危险。

(4)用潮湿的抹布清理掉压缩机上的灰尘与锈蚀等,确保晾干后将压缩机重新装回。

(5)在使用空调歧管压力表时,注意转接接头要连接紧固。

(三)操作步骤

(1)用车钥匙打开车门,将开关打到"ON"挡,做好车辆的防护措施。

(2)测量制冷系统的熔断丝是否熔断。

(3)检查空调系统各风机的继电器是否正常。

(4)检查空调制冷系统电动压缩机是否正常(电动汽车的压缩机为高压元件,测量时要先做好断电处理)。

(5)检查空调制冷系统压力开关是否正常。

三、任务工作页

(一)个人完成以下信息的整理

(1)查阅维修手册,在表 5-2 中填写北汽 EV200 电动汽车空调制冷系统电动压缩机的相关参数。

北汽 EV200 电动汽车空调制冷系统电动压缩机参数表　　表 5-2

工作电压范围	
额定输入电压	
实际输入功率	1000~1500W
控制电源电压范围	
控制电源最大输入电流	
电机类型	直流无刷无传感器电机

续上表

最大使用转速	3500r/min
最小使用转速	1500r/min
转速误差	<1%
排量	27cc/rev
制冷剂	
冷冻油	RL68H(POE68)
最大使用制冷量	

（2）根据故障现象,利用汽车故障诊断与维修鱼刺图(图5-11)分析电动空调不制冷的故障原因。

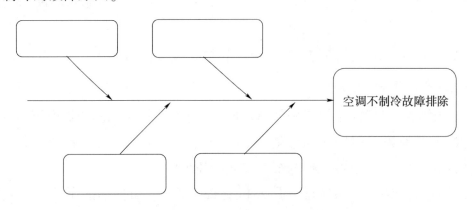

图5-11　汽车故障诊断与维修鱼刺图

（3）查阅教材及其他资料,完成以下内容:

"三不落地"是指_____、_____、_____不落地。

5S管理是指_____、_____、_____、_____、_____。

安全永远是我们要铭记的准则。在进行电动汽车高压部件检修前,应先关闭_____,断开_____,戴上绝缘手套,拔下_____,并等待_____ min后才能操作。

(二)小组完成维修方案的制订

（1）根据故障现象,我们需要查阅维修手册、准备工量具,为故障检修做好准备。

小组分工:

步骤一：

步骤二：

步骤三：

步骤四：

（2）故障排除（表5-3）。

故障排除　　　　　　　　　　　表5-3

测量部件	图　　示	测量结果	备　　注
测量制冷系统熔断丝是否熔断		保险两端电压：____V 是否正常： □正常 □不正常	
测量鼓风机继电器	121-空调系统继电器	测量线路： 85~86：____Ω 30~87a：____Ω 是否正常： □正常 □不正常	正常值： 85~86：____Ω 30~87a：____Ω
测量电动压缩机	高压部分：高压线束空调压缩机	P1#：____V P2#：____V	1-高压电源正极； 2-高压电源负极

续上表

测量部件	图　　示	测量结果	备　　注
测量电动压缩机	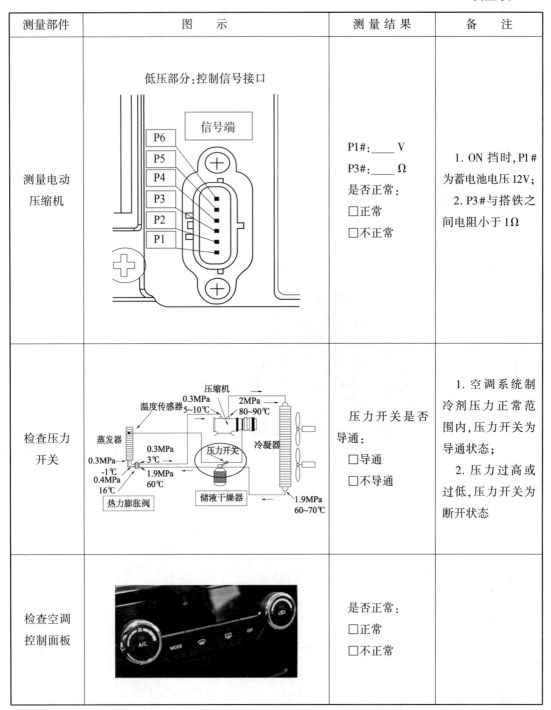	P1#:＿＿V P3#:＿＿Ω 是否正常： □正常 □不正常	1. ON 挡时,P1#为蓄电池电压12V； 2. P3#与搭铁之间电阻小于1Ω
检查压力开关		压力开关是否导通： □导通 □不导通	1. 空调系统制冷剂压力正常范围内,压力开关为导通状态； 2. 压力过高或过低,压力开关为断开状态
检查空调控制面板		是否正常： □正常 □不正常	

四、评价与反馈

学习评价见表5-4。

学习评价表   表 5-4

班级_____ 小组_____ 学号_____ 姓名_____

项目内容	主 要 测 评 项 目	学生自评			
		A	B	C	D
关键能力总结	1.遵守纪律,遵守学习场所管理规定,服从安排; 2.具有安全意识、责任意识,5S 管理意识,注重节约、节能与环保; 3.学习态度积极主动,能按时参加老师安排的实习活动; 4.具有团队合作意识,注重沟通,能自主学习及相互协作; 5.仪容仪表符合学习活动要求				
专业知识与能力总结	1.能描述空调制冷系统元件的名称及作用; 2.能正确查阅维修手册及其他资料; 3.能制订完整的空调不制冷故障排除任务实施方案				
个人自评					
小组评价					
教师评价		总评成绩			

教师签字: 日期:

学习任务6　电动空调制冷量不足故障诊断

学习目标

1. 能独立分析出电动空调制冷量不足的故障原因;
2. 能熟练排除电动空调制冷量不足的故障。

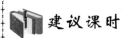

 建议课时

6课时。

 任务描述

一辆北汽生产的纯电动汽车EV200,车主反映打开空调制冷开关,并将鼓风机的挡位开关开到最大,30min后车内的冷气量并不足。请进行检查,判断该车的空调制冷系统是否正常,并解释原因。

一、信息收集

(一)新能源汽车空调制冷系统检修的工具和设备

1. 空调歧管压力表

新能源汽车空调歧管压力表[图6-1a)]是维修汽车空调制冷系统必不可少的工具,它与制冷系统相接,可进行抽真空、加制冷剂和诊断制冷系统故障。

空调歧管压力表主要由两个压力表[高压表(红色表)和低压表(蓝色表)]、两个手动阀(低压手动阀和高压手动阀)、3根软管接头(红、黄、蓝)组成。高压表(红色表)用于检测制冷系统高压侧的压力,低压表(蓝色表)用于检测低压侧的压力。

低压表(蓝色表)既用于显示压力,也用于显示真空度,真空度读数范围为0~101kPa。

注意:市面上新能源汽车空调歧管压力表有R134a和R12两种,不能混淆使用。

空调歧管压力表高压表头[图6-1b)]一般为红色,在表中有压力刻度和温度刻度,外圈是压力,内圈是不同制冷剂在对应压力下的蒸发温度。

北汽新能源电动车空调制冷系统高压一般为1.3~1.5MPa。

空调歧管压力表低压表头[图6-1c)]一般为蓝色,在表中有压力刻度和温度刻度,压力刻度表的负值为真空刻度表(用于抽真空时使用);外圈是压力,内圈是不同制冷剂在对应压力下的蒸发温度。

北汽新能源电动车空调制冷系统低压一般为0.25~0.3MPa。

项目三　新能源汽车空调系统检修

a) 空调歧管压力表

b) 空调歧管压力表高压表头

c) 空调歧管压力表低压表头

图 6-1　空调歧管压力表

2. 真空泵

空调真空泵（图 6-2）的作用是将空调制冷系统中的制冷剂、水分和潮气抽出管道，从而在管道中形成真空。

空调真空泵在给制冷系统抽真空过程中，要与空调歧管压力表配合使用，将空调歧管压力表和黄色中间软管与空调真空泵的吸气口连接。

3. 制冷剂瓶开瓶器

开瓶器（图 6-3）顺时针旋转，戳穿制冷剂瓶；逆时针缓慢退出戳穿制冷剂瓶的顶针。

顶针的退出可增大制冷剂的流通截面积，如果想让加注制冷剂的速度加快，逆时针缓慢退出戳穿制冷剂瓶的顶针即可。

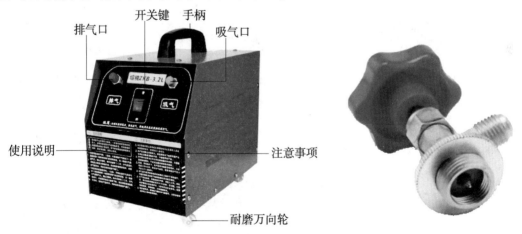

图 6-2　空调真空泵　　　　　　　　　图 6-3　开瓶器

4. 空调制冷剂电子卤素检漏仪

电子卤素检漏仪（图 6-4）主要用于精密检漏。检漏时，应使探头与补测点

图6-4 电子卤素检漏仪

之间保持3~5mm距离，并掌握好探头的移动速度，一般不超过50mm/s，根据检漏仪仪表读数及蜂鸣器发出的声音，就能知道泄漏点和泄漏量。

电子卤素检漏仪在使用过程中，应防止大量的制冷剂吸入检漏仪，还应注意环境通风良好，无卤素气体和其他雾气干扰，应在空气新鲜的场所进行检测。

（二）新能源汽车空调制冷系统的维护项目

（1）定期更换空调滤清器。

（2）定期清洗冷凝器、散热器。

（3）定期维护鼓风机。

（4）经常检查制冷剂量。

（5）检查各连接螺栓及接头部分是否松动。

（三）新能源汽车空调制冷系统常见的几种故障以及可能的原因和处理办法

新能源汽车空调制冷系统常见的几种故障及可能原因和处理办法见表6-1。

新能源汽车空调制冷系统常见故障及可能原因和处理办法　　表6-1

序号	故障表现	可能原因	维修方法
1	高压侧与低压侧压力表指示值比标准值低，通过观察孔可见气泡	制冷循环漏气；制冷剂没有定期补足	用测漏仪测漏，并进行修理，补足制冷剂
2	低压侧压力表指示负压，高压侧指示比正常值低，储液罐/干燥器前后管路有温差，严重时，储液罐/干燥器后管路有霜	膨胀阀或低压管路阻塞，储液罐/干燥器或高压管路阻塞；膨胀阀压力泡漏气，针阀完全关闭	清除或更换相关部件，如储液罐/干燥器，若压力泡漏气，更换膨胀阀
3	高、低压两侧压力表均指示比标准值高，冷凝器排出侧不热	制冷剂填充过量	排出多余制冷剂，使压力达标
4	高、低压两侧压力表均指示比正常值高，但停机后，高压侧压力急骤降至约2kg/cm²	制冷循环中混入空气（抽空不够或填充时有空气进入）	重新抽空加注，如仍有上述症状，更换储液罐/干燥器及压缩机油
5	高、低压两侧压力表均指示比正常值高，低压侧管路形成霜冻或深度冷凝	膨胀阀失效（针阀开启过宽）；膨胀阀压力泡与蒸发器连接断开	检查并重新接好压力泡或更换膨胀阀

项目三　新能源汽车空调系统检修

续上表

序号	故障表现	可能原因	维修方法
6	低压侧压力高,高压侧压力低,停机后,两侧压力立即趋于平衡	压缩机阀、活塞或活塞环损坏,不能有效压缩	更换压缩机
7	在低压与高压两侧,压力表指示值波动	由于干燥器超饱和,制冷剂中的湿气不能去除,使膨胀阀中的针阀冻结,引起冰堵,当制冷剂不再循环时,冰被周转热量解冻再冻结成冰,这一过程反复循环	更换储液罐/干燥器及压缩机油,重新抽真空加注

(四)新能源汽车空调制冷系统制冷量不足故障的一般检修方法

1. 检查空调滤清器、冷凝器是否脏污、堵塞

汽车空调滤清器一般间隔半年或者车辆行驶1万km就需要更换一次,特别是在夏季或冬季需要使用空调时,必须要检查和清洗空调滤清器。当发现空调冷凝器表面有污物覆盖物时,要及时清洗冷凝器,以免冷凝器出现不散热现象,从而使空调制冷量不足。

2. 检查制冷系统管路是否有泄漏

汽车空调常用的检漏方法有以下两种:

(1)泡沫查漏法。

采用氮气加压检漏法检测的同时,使用洗涤灵水溶液泡沫涂抹空调系统管路以及各部件外表(推荐用海绵进行涂抹,使起泡量达到最大),查看是否有气泡产生。建议使用洗涤灵溶液泡沫的原因是,其泡沫细腻且保持时间长,远优于肥皂水等发泡溶液。使用时,可将压缩机泵头处涂抹覆盖,在系统压力为2.0~2.5MPa时,上下晃动且尽可能地加大晃动的频率,可检查泵头处有无泄漏。

(2)电子检漏仪检漏。

使用专用仪器的探头在所有可能渗漏的部位附近移动(速度不要过快),当检漏装置发出报警时,即表明此处存在泄漏。因制冷剂挥发快,此种方法在小空间使用效果较佳,如蒸发器等部位。空调风机建议使用低挡转速。

3. 对空调制冷系统管路进行抽真空

抽真空并不能直接把水分抽出制冷系统管路,而是产生真空后降低了水分的沸点,水分化成蒸汽后被抽出制冷系统。因此,系统抽真空时,时间越长,系统

内残余的水分就越少。为了最大限度地将系统内的空气以及湿气抽出,必须采用重复抽真空法,即第一次抽真空完毕后,再连续抽30min以上。具体操作过程如下:

(1)将空调歧管压力表上的高压、低压软管分别与空调系统中的高压、低压接口相连。

(2)打开空调歧管压力表上的高、低压手动阀,启动真空泵,并注视空调歧管压力表上的压力值,特别是低压表上的压力值,将系统抽真空至-0.1MPa。

(3)关闭空调歧管压力表上的高、低压手动阀,观察压力表上的压力值是否回升。如回升,则表示系统泄漏;若压力表指针保持不动,则打开高、低压手动阀,启动真空泵继续抽真空15~30min。

(4)关闭空调歧管压力表上的高、低压手动阀。

(5)关闭真空泵,应先关闭高、低压手动阀,然后关闭真空泵,以防止空气进入制冷系统。

4. 对空调制冷系统添加制冷剂

汽车空调添加制冷剂有两种方法。

(1)高压端充注法(制冷系统中抽了真空,或者更换过元件之后采用这种方法)。

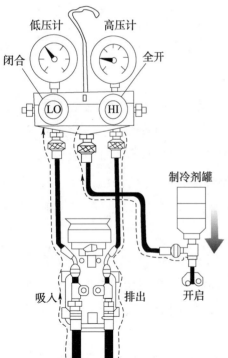

图6-5 高压侧添加制冷剂

①当系统抽完真空后,关闭歧管压力计上的高、低手动阀进行并表,确认不漏后,将歧管压力计与系统连接。

②将中间软管的一端与制冷剂罐注入阀的接头连接起来,如图6-5所示,打开制冷剂罐开关,拧开歧管压力计软管一端的螺母,让气体溢出几分钟,把空气排出,然后再拧紧螺母。

③拧开高压侧手动阀至全开位置,将制冷剂罐倒立,以便从高压管充注液态制冷剂,从高压管充注规定量的液态制冷剂,使表压达到0.4MPa左右,然后关闭制冷剂罐注入阀及歧管压力计上的手动高压阀。

④采用低压侧添加制冷剂。起动发动

机,打开 A/C 空调开关,将风机温调开关调至最大位置。

⑤将制冷剂罐正置,打开低压阀,从低压管继续充气态制冷剂;观察高、低压表,当发动机转速为 1500～2000r/min 时,北汽新能源电动车空调制冷系统高压一般为 1.3～1.5MPa(13～15kg/cm²);北汽新能源电动车空调制冷系统低压一般在 0.25～0.3MPa(2.5～3kg/cm²)。

⑥关闭发动机,再次检验制冷系统是否有泄漏。

⑦装回所有保护帽和保护罩。

高压端充注法注意事项:

高压端充注制冷剂时,制冷剂瓶必须倒立,严禁开启空调系统,否则会造成制冷剂罐的爆裂,也不可打开低压手动阀。

(2)低压端充注法(制冷系统中还存有一定的制冷剂,没有进行过抽真空过程的情况采用这种方法添加制冷剂)。

①将歧管压力计与压缩机和制冷剂罐系统连接好。

②打开制冷剂罐开关。关闭高、低手动阀,拆开高压端检修阀和软管的连接,然后打开高压手动阀,再打开制冷剂罐开关。在胶管口听到制冷剂蒸汽出来的声音后,立即将软管与高压检修阀相连,关闭高压手阀。用同样的方法清除低压端和管路中的空气,然后关闭高、低压手动阀。

③拧开低压管手动阀至全开位置,将制冷剂罐正立,如图 6-6 所示,以便从低压管充注气态制冷剂。当系统压力值达到 0.35～0.4MPa 时,关闭手动低压阀。

④起动发动机,打开空调开关,并将风机置于高速,温调开关调到最冷位置。

⑤打开歧管压力计上的低压管手动阀。让制冷剂继续进入制冷系统,直至充注量达到规定值时,立即关闭低压管手动阀。

⑥观察视液窗,确认系统内无气泡、无过量制冷剂。

⑦充注规定量的制冷剂后,关闭制冷剂罐注入阀及歧管压力计上的手动低压阀,使

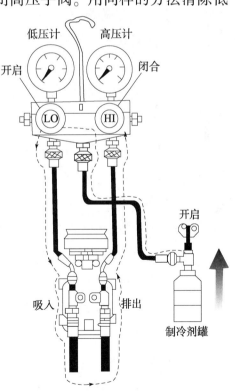

图 6-6 低压侧添加制冷剂

发动机停止运转,然后卸下仪表。卸下时动作要迅速,以免过多制冷剂排出。

⑧关闭发动机,再次检验制冷系统是否有泄漏。

⑨装回所有保护帽和保护罩。

低压端充注法注意事项:

低压端充注时,要打开空调压缩机 A/C 开关,制冷剂瓶罐为直立,高压手动阀处于关闭位置。

二、任务实施

一辆北汽 EV200 的车主反映,打开汽车空调系统上的 A/C 开关,并将风速开关开到最大挡位,发现空调出风口的冷气不足,30min 后车内温度还是没有明显的下降,作为北汽新能源汽车维修店的技术员,请你对该辆汽车进行检修,并排除故障。

(一)准备工作

在新能源汽车检修一体化学习站,准备如下实训设备、仪器设备、工量具:

(1)车辆:北汽 EV200 汽车一辆。

(2)工量具、仪器设备:绝缘工具、绝缘手套、风枪、真空泵、空调歧管压力表、制冷剂瓶开瓶器、空调制冷剂电子检漏仪等。

(3)辅助工具:二氧化碳灭火器、碎布、手电筒。

(4)其他材料:北汽 EV160/EV200 维修手册、汽车故障诊断与维修鱼刺图、实训任务指导书等。

(二)技术要求与注意事项

(1)在进行高压相关操作前,维修人员必须穿戴好劳保用品,戴好绝缘手套,穿好高压绝缘鞋。

(2)在使用空调歧管压力表时注意转接接头,要连接紧固。

(3)开启制冷剂瓶时请勿对着人的眼睛、鼻、嘴和口腔,防止冻伤。

(4)新能源空调制冷系统压缩机属于高压元件,检查和接触时需要先断电。

(5)空调制冷系统管路维修之后,每个制冷元件的接口必须用安全 O 形密封圈。

(三)操作步骤

(1)用车钥匙打开车门,做好车辆的防护措施,并打开车头盖。

(2)打开空调压缩机 A/C 开关,将风速挡位开到最大挡,检查出风口的出风量,并注意观察空调制冷系统工作是否有噪声。

(3)测量空调制冷系统中制冷剂是否有泄漏,并测量系统压力。

(4)检查空调制冷系统空调滤清器、散热器、鼓风机是否有脏污和堵塞。

(5)对汽车空调制冷系统进行抽真空处理。

(6)对汽车空调制冷系统添加制冷剂。

三、任务工作页

(一)个人完成以下信息的整理

(1)查阅维修手册,填写北汽 EV200 汽车空调制冷量不足的相关信息。

①新能源汽车空调制冷系统检修的工具和设备:_____
_____。

②北汽 EV200 纯电动汽车空调制冷系统高压侧压力为_____,低压侧压力为_____。

③汽车空调滤清器一般_____或者_____km 更换一次。

④空调制冷系统在添加制冷剂时有_____和_____两种方法。

(2)根据故障现象,利用汽车故障诊断与维修鱼刺图(图 6-7)分析故障原因。

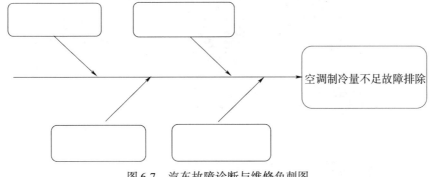

图 6-7 汽车故障诊断与维修鱼刺图

(3)查阅教材及其他资料,完成以下内容:

"三不落地"是指_____、_____、_____不落地。

5S 管理是指_____、_____、_____、_____、_____。

安全永远是我们要铭记的准则。在进行电动汽车高压部件检修前,应先关闭_____,断开_____,戴上绝缘手套,拔下_____,并等待_____min 后才能操作。

(二)小组完成维修方案的制订

(1)根据故障现象,我们需要查阅维修手册、准备工量具,为故障检修做好准备。

小组分工:

步骤一:

步骤二:

步骤三:

步骤四:

(2)故障排除(表6-2)。

故 障 排 除　　　　　　　　表6-2

检查(测量)部件	图　　示	处理方法	备　　注
检查空调滤清器		更换或者清洗;半年或者车辆行驶1万km应更换	北汽EV200空调滤清器在副驾驶侧杂物箱内部
清洗空调冷凝器		用专用的汽车空调冷凝器清洗剂清洗	应先用风枪吹走表面的灰尘,再用清洗剂清洗

续上表

检查(测量)部件	图　示	处理方法	备　注
检漏		可采用泡沫查漏法或者电子检漏仪法对空调制冷系统管理进行检漏	由于制冷剂的密度比空气要大，因此在使用电子检漏仪时应在管道的下方进行检漏
抽真空		采用真空泵、空调歧管压力表对空调管路进行抽真空	先将低压侧压力抽至 -0.1MPa，再保压一段时间，之后再继续抽真空 15～30min
添加制冷剂		用空调歧管压力表采用高压侧法添加制冷剂	北汽新能源电动汽车空调制冷系统高压一般为 1.3～1.5MPa；低压一般在 0.25～0.3MPa

四、评价与反馈

学习评价见表 6-3。

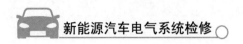

学习评价表　　　　　　　　　　　表6-3

班级_____　小组_____　学号_____　姓名_____

项目内容	主要测评项目	学生自评			
		A	B	C	D
关键能力总结	1.遵守纪律,遵守学习场所管理规定,服从安排; 2.具有安全意识、责任意识、5S管理意识,注重节约、节能与环保; 3.学习态度积极主动,能按时参加老师安排的实习活动; 4.具有团队合作意识,注重沟通,能自主学习及相互协作; 5.仪容仪表符合学习活动要求				
专业知识与能力总结	1.能描述空调不制冷检修的工具名称及作用; 2.能正确查阅维修手册及其他资料; 3.能制订完整的空调制冷量不足故障排除任务实施方案				
个人自评					
小组评价					
教师评价		总评成绩			

教师签字:　　　　　　　　　　　　　　　　　　　　　日期:

学习任务7　空调系统不制暖故障诊断与排除

 学习目标

1. 能说出空调制暖系统的组成、控制原理;
2. 能独立分析出空调系统不制暖的故障原因;
3. 能熟练排除空调系统不制暖的故障。

建议课时

6课时。

任务描述

一辆北汽生产的纯电动汽车 EV200 车主反映,打开空调制暖开关后没有暖气。请进行检查,判断该车的空调制暖系统是否正常,并解释原因。

一、信息收集

(一) 空调制暖系统的类型、工作原理

新能源汽车空调制暖系统一般分为两大类:热泵式空调制暖系统和 PTC 电加热制暖系统。

(1) 热泵式空调制暖系统。

由传动带驱动的直流无刷电动机的电动汽车热泵式空调系统工作原理如图 7-1 所示。空调系统的制冷/制热模式由四通换向阀转换,实线箭头表示制冷工况,虚线箭头表示制热工况。

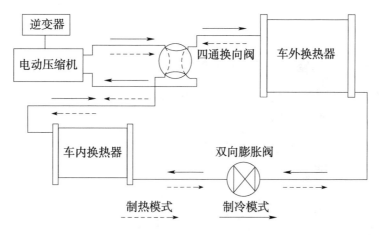

图 7-1 热泵式空调制暖系统

从原理上讲,该系统与普通的热泵空调并无区别,但是用于电动汽车上,其专门开发了双工作腔滑片压缩机、直流无刷电动机和逆变器控制系统。在热泵工况下,系统从融霜模式转为制热模式时,风道内换热器上的冷凝水将迅速蒸发,在风窗玻璃上结霜,从而影响驾驶的安全性。

(2) PTC电加热制暖系统。

PTC电加热器是采用PTC热敏电阻元件为发热源的一种加热器。PTC热敏电阻通常是用半导体材料制成的,它的电阻随温度变化而急剧变化,当外界温度降低,PTC电阻值随之减小,发热量反而会相应增加。PTC热敏电阻按材质可以分为陶瓷PTC热敏电阻和有机高分子PTC热敏电阻。用于空调辅助电加热器的是陶瓷PTC热敏电阻。PTC热敏电阻元件因具有随环境温度高低变化,其电阻值随之增加或减小的变化特性,所以PTC加热器具有节能、恒温、安全和使用寿命长等特点。目前北汽生产的纯电动汽车空调制暖系统均采用PTC电加热制暖系统(图7-2)。

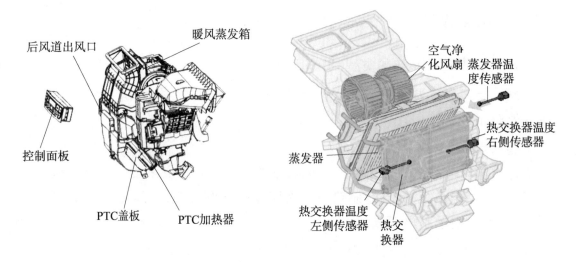

图7-2 PTC电加热制暖系统的组成

(二)纯电动汽车空调PTC电加热制暖系统的组成

纯电动汽车空调PTC电加热制暖系统由PTC加热器元件、将加热器元件的热量传送到散热器的鼓风机以及PTC加热器控制器等组成。因要求加热器要有较高的制暖性,所以,电源使用的是驱动电动机的锂离子充电电池的高压,而非辅助电池(12V)。

1. PTC加热器

纯电动汽车空调PTC加热器(图7-3)是一种自控制温度加热器,电阻会随温度的升高而增加。当PTC加热器通过一定的高压电(380V)时,PTC加热器会产生大量的热能,同时PTC加热器的电阻值会急剧上升。

图7-3 PTC加热器

PTC加热器的参数表见表7-1。

PTC加热器的参数表　　　　　　　　　　表7-1

项　目	技 术 要 求	试 验 条 件
额定输入电压	随动力蓄电池电压	336V
额定功率	3500W	环境温度:(25±1)℃ 施加电压:(384±1)VDC 风速:4.5m/s
功率偏差率	-10% ~ +10%	
冷态最大起始电流	20A	环境温度:(25±1)℃ 施加电压:(336±1)VDC
单级冷态电阻	80 ~ 300Ω	在(25±1)℃环境下,放置>30min后测量

2. 鼓风机

纯电动汽车空调PTC电加热制暖系统鼓风机(图7-4)的作用就是把PTC加热器上的热量送至出风口。

3. PTC加热器控制器

PTC加热器控制器(图7-5)是空调暖风系统的控制中心,通过PTC温度传感器检测到PTC加热器的工作温度来控制和保护PTC加热器。

图7-4　鼓风机

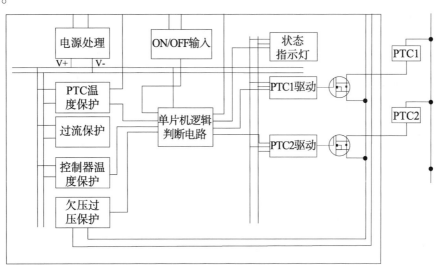

a)PTC加热器控制器原理图

图　7-5

b)PTC加热器控制器实物图

图7-5　PTC加热器控制器

(三)纯电动汽车空调PTC电加热制暖系统的控制原理

(1)当风速开关在0挡位时,按HEAT键无效,风速为其他挡位时,HEAT按键有效,且检测到出风口处于暖风状态时,才允许PTC工作。

(2)ECC采集到PTC开启的按键信号,ECC输出高电平,控制车辆PTC高压继电器闭合,PTC通电开始工作。

(3)ECC采集到PTC温度传感器信号,根据设定温度值进行比较,若高于设定值,则断开PTC继电器,PTC停止工作,当检测到温度传感器≤65℃,PTC恢复工作。

(4)在制暖状态时,按下A/C键,PTC停止工作,进入制冷模式。

二、任务实施

一辆北汽EV200的车主反映,打开汽车空调系统上的暖风开关之后,汽车空调制暖系统无任何反应,作为北汽新能源汽车维修店的技术员,请你对该辆汽车进行检修,并排除故障。

(一)准备工作

在新能源汽车检修一体化学习站,准备如下实训设备、仪器设备、工量具:

(1)车辆:北汽EV200汽车一辆。

(2)工量具、仪器设备:绝缘工具、绝缘手套、万用表、兆欧表等。

(3)辅助工具:二氧化碳灭火器、碎布、手电筒。

(4)其他材料:北汽EV160/EV200维修手册、汽车故障诊断与维修鱼刺图、实训任务指导书等。

(二)技术要求与注意事项

(1)在进行高压相关操作前,维修人员必须穿戴好劳保用品,戴好绝缘手套,穿好高压绝缘鞋。

(2)在测量电压时,请勿虚接,以免出现打火花现象,造成不必要的财产损失。

(3)在维修暖风系统前,必须断开蓄电池负极电缆及高压电源。

(4)PTC 为高压电器件,断开接插件时请注意安全。

(三)操作步骤

(1)用车钥匙打开车门,做好车辆的防护措施。

(2)测量制暖系统的熔断丝(PTC 熔断器)是否熔断。

(3)检查空调系统各风机的继电器是否正常。

(4)检查空调制暖系统 PTC 加热器是否正常(电动车的 PTC 加热器为高压元件,测量时要先做好断电处理)。

(5)检查空调制暖系统 PTC 加热器控制器是否正常。

三、任务工作页

(一)个人完成以下信息的整理

(1)查阅维修手册,在表7-2 中填写北汽 EV200 电动汽车空调制暖系统 PTC 加热器的相关参数。

北汽 EV200 电动汽车空调制暖系统 PTC 加热器相关参数 表 7-2

项 目	技 术 要 求	实 验 条 件
额定输入电压		336V
额定功率		环境温度:(25±1)℃ 施加电压:(384±1)VDC 风速:4.5m/s
功率偏差率	−10% ~ +10%	
冷态最大起始电流		环境温度:(25±1)℃ 施加电压:(336±1)VDC
单级冷态电阻		在温度(25±1)℃环境下,放置 >30min 后测量

(2)根据故障现象,利用汽车故障诊断与维修鱼刺图(图7-6)分析电动空调不制暖的故障原因。

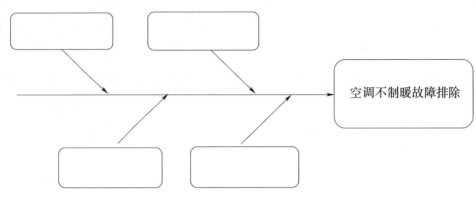

图 7-6 汽车故障诊断与维修鱼刺图

(3) 查阅教材及其他资料,完成以下内容:

"三不落地"是指_____、_____、_____不落地。

5S 管理是指_____、_____、_____、_____、_____。

安全永远是我们要铭记的准则。在进行电动汽车高压部件检修前,应先关闭_____,断开_____,戴上绝缘手套,拔下_____,并等待_____ min 后才能操作。

(二) 小组完成维修方案的制订

(1) 根据故障现象,我们需要查阅维修手册、准备工量具,为故障检修做好准备。

小组分工:

步骤一:

步骤二:

步骤三:

步骤四:

(2) 故障排除(表 7-3)。

故障排除

表 7-3

测量部件	图示	测量结果	备注
测量制暖系统PTC熔断器是否熔断		熔断器两端电阻：____Ω 是否正常： □正常 □不正常	PTC熔断器正常情况下阻值<1Ω
测量鼓风机继电器	121-空调系统继电器 113　106 121　119 105　98 118　117 97　90 116　114 89　82	测量继电器端子： 85#～86#：____Ω； 30#～87a#：____Ω； 30#～87#：____Ω 是否正常： □正常 □不正常	正常值： 85#～86#：70～80Ω 30#～87a#：小于1Ω 30#～87a#：无穷大
测量PTC加热器	1　4 2　3	测量PTC加热器的电阻： 3#～1#：____Ω； 3#～2#：____Ω	高压线束PTC 4芯插件： 1-PTC-A组负极； 2-PTC-B组负极； 3-高压电源正极； 4-互锁信号线 3#～1#：80～100Ω（常温）； 3#～2#：65～75Ω（常温）
检查PTC控制器	1.将开关打到"ON"挡，测量PTC控制器电源正极(空调继电器线圈正极)电压；测量PTC控制器对搭铁的电压； 2.连接专业解码器，读取PTC控制器是否有故障码	1. PTC控制器电源正极(空调继电器线圈正极)电压：____V 2. PTC控制器对搭铁电压：____V； 3. PTC控制器是否有故障码： □有 □没有	PTC控制器连接的低压控制插件为蓄电池电压

四、评价与反馈

学习评价见表7-4。

学 习 评 价 表　　　　　　　　　　　　　表7-4

班级_____　小组_____　学号_____　姓名_____

项目 内容	主要测评项目	学生自评			
		A	B	C	D
关键能力总结	1. 遵守纪律,遵守学习场所管理规定,服从安排; 2. 具有安全意识、责任意识、5S管理意识,注重节约、节能与环保; 3. 学习态度积极主动,能按时参加老师安排的实习活动; 4. 具有团队合作意识,注重沟通,能自主学习及相互协作; 5. 仪容仪表符合学习活动要求				
专业知识与能力总结	1. 描述电动车制暖系统元件的名称及作用; 2. 能正确查阅维修手册及其他资料; 3. 能制订完整的电动空调不制暖故障排除任务实施方案				
个人自评					
小组评价					
教师评价		总评成绩			

教师签字:　　　　　　　　　　　　　　　　　　日期:

项目四　新能源汽车逆变器检修

本项目主要学习新能源汽车的逆变器检修原理、检验步骤及注意事项,分为两个任务:

学习任务8　充电警示灯常亮故障诊断;

学习任务9　逆变器内部温度异常故障诊断。

通过学习,掌握新能源汽车的逆变器原理及检修步骤。

学习任务8　充电警示灯常亮故障诊断

 学习目标

1. 能说出仪表面板的各项指示及作用;
2. 能掌握 DC-DC 的控制原理;
3. 能熟练排除 DC-DC 故障。

 建议课时

6课时。

 任务描述

一辆北汽生产的纯电动汽车 EV200 进行例行保养,车主反映组合仪表上有一个警示灯常亮。请进行检查,判断该车的仪表是否正常,并解释原因。

一、信息收集

(一) 组合仪表

1. 机械表盘

机械表盘如图8-1所示。

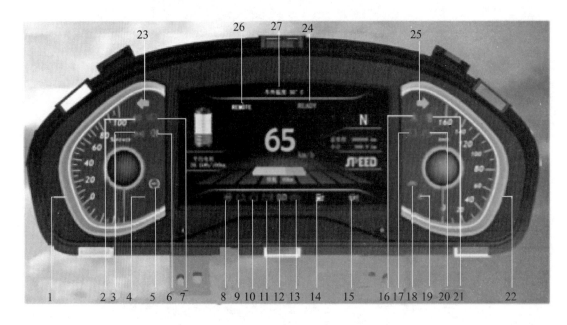

图 8-1 机械表盘

1-驱动电机功率表;2-前雾灯;3-示廓灯;4-安全气囊指示灯;5-ABS 指示灯;6-后雾灯;7-远光灯;8-跛行指示灯;9-蓄电池故障指示灯;10-电机及控制器过热指示灯;11-动力蓄电池故障指示灯;12-动力蓄电池断开指示灯;13-系统故障灯;14-充电提醒灯;15-EPS 故障指示灯;16-安全带未系指示灯;17-制动故障指示灯;18-防盗指示灯;19-充电线连接指示灯;20-驻车制动器指示灯;21-门开指示灯;22-车速表;23/25-左/右转向指示灯;24-READY 指示灯;26-REMOTE 指示灯;27-室外温度提示

2. 行车电脑显示屏

按钮切换(表 8-1)多种不同的行车界面(图 8-2~图 8-6)。

按钮开关切换显示模式顺序表　　　表 8-1

当前显示模式	开关按住时间	开关放开后显示模式
车速	<2s	数字电压值
数字电压值	<2s	数字电流值
数字电流值	<2s	数字转速值
数字转速值	<2s	瞬时电耗
瞬时电耗	<2s	车速
任意模式	>3s	小计清零
充电模式	<2s	车辆充电信息

项目四 新能源汽车逆变器检修

图 8-2　数字车速显示　　　　　　图 8-3　数字电压显示

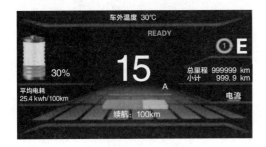 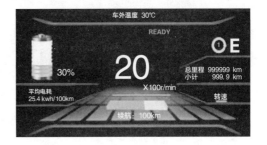

图 8-4　数字电流显示　　　　　图 8-5　数字驱动电机转速显示

➤ 瞬时电耗：指示车辆行驶时的瞬时电耗强度，从中间至两侧电耗依次增强。

图 8-6　瞬时电耗显示

3. 充电状态

充电状态如图 8-7 ～ 图 8-10 所示。

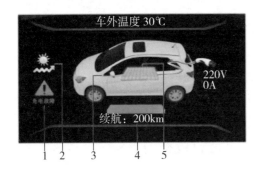 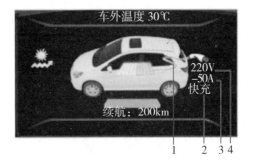

图 8-7　充电状态显示(一)　　　　　　图 8-8　充电状态显示(二)

1-充电故障指示状态；2-动力蓄电池加热标志灯；　　1-充电动态电流；2-快慢充状态；3-充电电流；
3-电量；4-续航里程；5-动力蓄电池动态加热示意　　4-动力蓄电池电压

· 93 ·

图8-9 充电已满显示

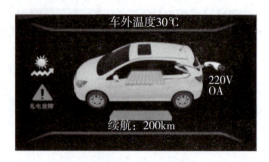
图8-10 充电故障显示

其中,▇亮表示动力蓄电池正在进行加热,此时图8-7中动力蓄电池外围会出现一层红色光晕。充电电流负值表示动力蓄电池正在充电,正值表示动力蓄电池正在放电。

动力蓄电池电量充满后,行车电脑显示屏自动点亮,蜂鸣器鸣叫,提示电量已充满,10s后屏幕熄灭。

充电过程中车辆出现故障,行车电脑显示屏自动点亮,充电故障指示灯点亮,蜂鸣器鸣叫,10s后屏幕熄灭。

(二)纯电动汽车故障灯

在前面的机械表盘里,我们认识了品种繁多的指示灯。大多数与普通汽车故障灯一样,其也是分为指示灯、警告灯、指示/警告灯三类。纯电动汽车故障灯同样用颜色代表故障程度:红色=危险/重要提醒;黄色=警告/故障;绿色/蓝色/白色=指示/确认/启用。下面着重介绍以下7个。

1. 系统警告故障灯

系统警告故障灯(图8-11)出现频率较高,大多数情况会与其他故障灯一同亮起,表示动力系统故障。如果这个故障灯单独亮起,则代表系统总线通信出现故障,需及时维修。

2. 动力蓄电池电量不足指示灯

当动力蓄电池电量低于30%时,动力蓄电池电量不足指示灯(图8-12)亮起,表示动力蓄电池电量不足,可能不能满足驾驶里程的需求。这时,就需要及时充电了。当动力蓄电池电量高于35%时,故障灯就会熄灭。

3. 动力蓄电池切断故障指示灯

动力蓄电池切断故障指示灯(图8-13)亮起时,表示动力蓄电池不能提供动力来源,蓄电池动力已切断,需及时维修。

4.动力蓄电池故障指示灯

动力蓄电池故障指示灯(图8-14)亮起时,表示动力蓄电池可能存在故障,需要慢速行驶并及时维修。如果能够感觉到明显的故障,最好不要再驾驶车辆,直接申请救援即可。

图8-11 系统警告故障灯

图8-12 动力蓄电池电量不足指示灯

图8-13 动力蓄电池切断故障指示灯

图8-14 动力蓄电池故障指示灯

5.动力蓄电池绝缘电阻低指示灯

动力蓄电池绝缘电阻低指示灯(图8-15)亮起时,表示动力蓄电池绝缘性能降低,很多时候是长时间淋雨造成的,静放几天等车辆干燥或许可以恢复。但如果不能恢复,则需及时进行维修。

6.动力蓄电池过热警告灯

动力蓄电池过热警告灯(图8-16)亮起时,说明蓄电池内部过热,散热不佳。此时最好不要继续行驶,等到电池温度降下来之后再继续行驶,如果频繁发生,建议及时检查。

图8-15　动力蓄电池绝缘电阻低指示灯

图8-16　动力蓄电池过热警告灯

7. 电机及控制器过热指示灯

电机及控制器过热指示灯(图8-17)亮起时,表示汽车电机及控制器过热,必须靠边停车冷却,继续行驶很有可能烧坏控制器。若此灯行驶一段时间后自动熄灭,可继续行驶,反之需要检查。

图8-17　电机及控制器过热指示灯

(三) 车载充电机

1. 定义

电动汽车车载充电机采用的是高频开关电源技术,主要功能是将交流220V市电转换为高压直流电给动力蓄电池进行充电,保证车辆正常行驶。同时车载充电机提供相应的保护功能,包括过压、欠压、过流、欠流等多种保护措施,当充电系统出现异常时,会及时切断供电。

2. 内部构造

车载充电机内部可分为三部分,即主电路、控制电路、线束及标准件。

(1) 主电路。前端将交流电转换为恒定电压的直流电,主要是全桥电路+PFC电路。后端为DC/DC变换器,将前端转出的直流高压电变换为合适的电压及电流供给动力蓄电池。

(2) 控制电路。具有控制MOS管的开关、与BMS之间通信,监测充电机状态、与充电桩握手等功能。

(3) 线束及标准件。用于主电路及控制电路的连接,固定元器件及电路板。

3. 特点

(1) 根据电池特性设计充电的曲线,可以延长电池的寿命。

(2) 使用方便,维护简单,单独对BMS进行供电,由BMS控制智能充电,无须人工值守。

（3）保护功能齐全，适用范围广，具有过压、欠压、过流、过热、输出短路、反接等保护功能。

（4）整机保护温度为75℃，当机内温度高于75℃时，充电机输出电流变小，高于85℃时，充电机停止输出。

4. 主要技术指标

车载充电机主要参数见表8-2。

车载充电机主要参数表　　　　　　　　　　　　表8-2

项　目		参　数
输入参数	输入相数	单相
	输入电压（VAC）	220±20%
	输入电流（A）	≤16（在额定输入条件下）
	频率（Hz）	45~65
	起动冲击电流（A）	≤10
	软启动时间（s）	3~5
输出参数	输出功率（额定）（W）	3360
	输出电压（额定）（VDC）	440
	输出电流（A）	0~7.5
	稳压精度	≤±0.6%
	负载调整率	≤±0.6%
	输出电压纹波（峰值）	<1%

5. 充电机指示灯

交流：当电源指示灯接通交流电后，电源指示灯亮起。

工作：当充电机接通电池进入充电状态后，充电指示灯亮起。

警告：报警指示灯，当充电机内部有故障或者错误的操作时亮起，可以按表8-3分析故障。

车载充电机故障分析表　　　　　　　　　　　　表8-3

故障描述	解决方法
不充电，电源交流灯不亮	检查高压充电母线是否与充电机直流输出连接完好。确认电池的接触器已经闭合
不充电，警告灯闪	确认输入电压在170VAC~263VAC之间。输入电缆的截面积在2.5mm²以上
不充电，警告灯闪，且风扇不转	过热警告，请清理风扇的灰尘

6. 高压控制盒

高压控制盒(图 8-18)的主要功能是进行高压控制及保护功能,包括整车主继电器、高压各分系统保险。内部架构如图 8-19 所示。

图 8-18　高压控制盒

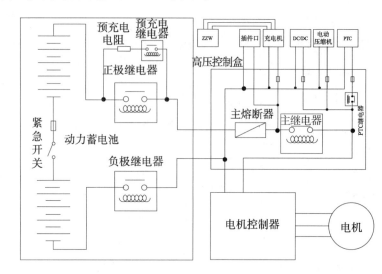

图 8-19　充电原理图

具体设计架构如图 8-20 所示。

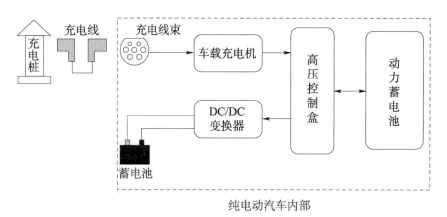

图 8-20　充电结构示意图

7. 车载充电机故障信号

车载充电机故障信息将通过 CAN 总线报至总线上,通过 CAN 总线可以找出发生的故障信息。

常见故障如下:

(1) 12V 低压供电异常。当充电机 12V 模块异常时,BMS、仪表等由于没有唤醒信号,无法与充电机进行通信。

判断方法：当12V未上电，最简单的判断方式就是交流上电的时候，电池没有发出继电器闭合的声音，一般为12V异常。需要检查低压熔断器盒内充电唤醒的熔断器及继电器，以及充电机端子是否出现退针的情况。

（2）充电机检测的蓄电池电压不满足要求。此问题是在充电过程中，BMS可以正常工作，但充电机工作开始前需要检测动力蓄电池电压，当动力蓄电池电压在工作范围内，车载充电机可以正常工作，否则充电机认为蓄电池不满足充电的要求。

判断方法：此情况常见的为高压插件端子退针或高压熔断器熔断，或者蓄电池电压超过工作范围。

（3）充电机检测与充电桩握手不正常。充电机工作过程中会检测与充电桩之间的握手信号，当判断到CC的开关断开，充电机认为此时将要拔掉充电枪，同时会停止工作，防止带电插拔，提升充电枪端子寿命。当充电枪未插到位，可能出现此情况。

（4）充电桩输入电压正常，由于施工时电源线不符合标准所引起的无法充电故障（图8-21）。车辆在低温环境下，充电桩开始时与充电机连接正常，由于车辆动力蓄电池低温下需将电芯加热至0℃~5℃时，才能进行正常充电，加热过程时，负载较小，电压下降并不多，进入充电过程时，负载加大，输入电压下降，充电桩为充电机提供的电源电压低于187V时，充电机无法正常工作，充电机停止工作后，负载减小，测量时电压又恢复正常，这种情况一定要在充电机进入充电过程时测量当时的准确电压，来找到故障所在。

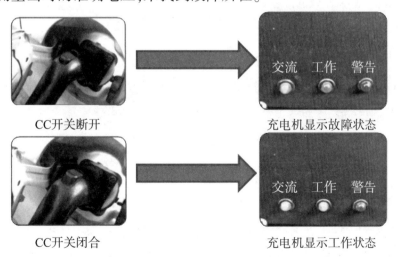

图8-21　充电机状态图

二、任务实施

一辆北汽生产的纯电动汽车 EV200 进行例行维护,车主反映组合仪表上有一个警示灯常亮(图 8-22)。请进行检查,判断该车的仪表是否正常,并解释原因。

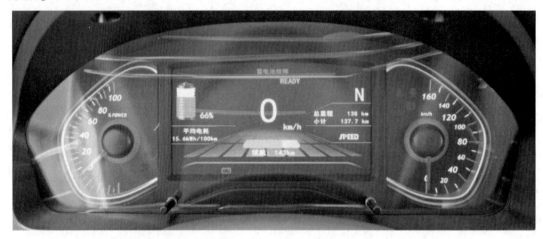

图 8-22　EV200 组合仪表

(一) 准备工作

在新能源汽车检修一体化学习站,准备如下实训设备、仪器设备、工量具:

(1)车辆:北汽 EV200 纯电动汽车一辆。

(2)工量具、仪器设备:绝缘工具、绝缘手套、万用表、兆欧表等。

(3)辅助工具:二氧化碳灭火器、碎布、手电筒。

(4)其他材料:北汽 EV160/EV200 维修手册等。

(二) 技术要求与注意事项

(1)在进行高压相关操作前,维修人员必须穿戴好劳保用品,戴好绝缘手套,穿好高压绝缘鞋。

(2)在测量电压时,请勿虚接,以免出现打火花现象,造成不必要的财产损失。

(三) 操作步骤

(1)用车钥匙打开车门,做好车辆的防护措施。

(2)插入车钥匙打开电源开关,观察车辆的组合仪表,检查各仪表是否工作正常。

(3)观察仪表所有报警灯符号,对照维修手册,了解其含义。

(4)判断实训车辆的哪个警示灯常亮属于异常现象,查找维修手册,说明原因。

三、任务工作页

(一)个人完成以下信息的整理

(1)查阅维修手册,在图8-23中标出仪表的各类警告灯名称。

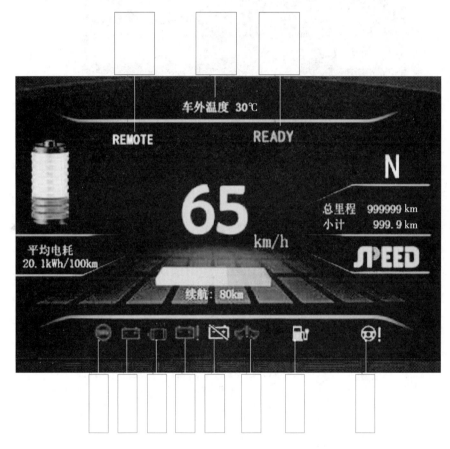

图8-23　EV200组合仪表指示灯

(2)使用故障检测仪,读取VCU控制器故障代码并记录数据流。

故障代码及含义:

数据流:

供电电压:

（3）DC-DC变换器是将_____V的高压电变换为_____V的低压电为蓄电池充电，保证行车时低压用电设备正常工作。

（4）根据实物图（图8-24）填写元件名称。

（5）根据图8-25接口找出接口定义并连线。

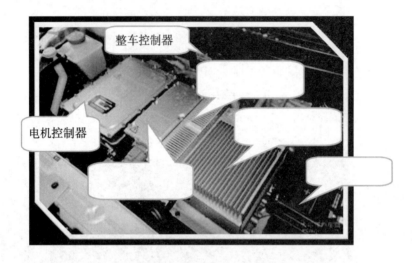

图8-24　实物图

图8-25　接口图

①　　　　　　　　　　高压输入端
②　　　　　　　　　　低压控制端
③　　　　　　　　　　低压输出正极
④　　　　　　　　　　低压输出负极

（6）查阅教材及其他资料，完成以下内容：

"三不落地"是指_____、_____、_____不落地。

5S管理是指_____、_____、_____、_____、_____。

安全永远是我们要铭记的准则。在进行电动汽车高压部件检修前，应先关闭_____，断开_____，戴上绝缘手套，拔下_____，并等待_____min后才能操作。

(二)小组完成维修方案的制订

(1)根据故障现象,我们需要查阅维修手册、准备工量具,为故障检修做好准备。

小组分工:

步骤一:

步骤二:

步骤三:

步骤四:

(2)低压部分检修(表8-4)。

低压部分检修　　　　　　　　　　　表8-4

拆卸部件	图　示	测量结果	备　注
测量蓄电池电压		关闭点火开关:____V 打开点火开关:____V 是否工作: □工作 □不工作	正常值:ON挡应有13.8~14V
测量150A熔断器		熔断器两端电压:____V 是否正常: □正常 □不正常	

续上表

拆卸部件	图　　示	测量结果	备　　注
测量低压线路		测量线路： 正极：＿＿Ω 负极：＿＿Ω 是否正常： □正常 □不正常	正常值： 小于1Ω
测量低压控制线路		1#：＿＿V　3#：＿＿Ω 是否正常： □正常 □不正常	正常值：ON挡1#为蓄电池电压，3#为搭铁小于1Ω
		VCU62# ～ DC-DC1#：＿＿Ω 是否正常： □正常 □不正常	正常值：小于1Ω

（3）高压部分检修。

在进行高压维修前，请严格按照以下步骤进行操作：

①关闭钥匙开关。

②断开低压蓄电池负极电缆。

③拔下维修塞并放置在规定位置等待5min。

④戴好专用防高压手套。

⑤高压部件打开后或插头断开后，使用万用表对其电压进行测量，电压在36V以下才可以进行下一步操作。

高压部分检修见表8-5。

高压部分检修

表 8-5

拆卸部件	图　示	测量结果	备　注
拆卸高压控制盒上盖		是否完成： □完成 □未完成	戴上绝缘手套操作
测量高压触点,确保电压低于36V		测量电压： ____V 能否操作： □可以 □不可以	注意:万用表测量必须低于36V才能进行下一步操作
测量DC-DC熔断丝		测量DC-DC熔断丝：____Ω 是否正常： □正常 □不正常	正常值:小于1Ω 无穷大则更换熔断丝
如果以上测量均正常,则更换DC-DC变换器总成		是否更换： □更换 □不更换	

四、评价与反馈

学习评价见表8-6。

学 习 评 价 表　　　　　　　　　表8-6

班级_____　小组_____　学号_____　姓名_____

项目内容	主要测评项目	学生自评			
		A	B	C	D
关键能力总结	1.遵守纪律,遵守学习场所管理规定,服从安排; 2.具有安全意识、责任意识、5S管理意识,注重节约、节能与环保; 3.学习态度积极主动,能按时参加老师安排的实习活动; 4.具有团队合作意识,注重沟通,能自主学习及相互协作; 5.仪容仪表符合学习活动要求				
专业知识与能力总结	1.描述元件的名称及作用; 2.能正确查阅维修手册及其他资料; 3.能制订完整的故障排除任务实施方案				
个人自评					
小组评价					
教师评价		总评成绩			

教师签字:　　　　　　　　　　　　　　　　　　　　日期:

学习任务9　逆变器内部温度异常故障诊断

 学习目标

1. 能说出逆变器的作用;
2. 能掌握逆变器的检查方法;
3. 能熟练排除逆变器的常见故障。

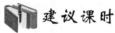 建议课时

6课时。

项目四　新能源汽车逆变器检修

任务描述

某丰田4S店接收一辆2016款丰田卡罗拉混合动力汽车,行驶里程45000km,现出现发动机加速无力,主警告灯点亮。车主告知,车辆在大雨过后,出现此现象。经过诊断,显示故障码"P0C7396 电动机电子器件冷却液泵零部件内部故障"。请进行检查,判断该车的逆变器是否正常,并解释原因。

一、信息收集

(一)逆变器的控制

混合动力车辆ECU接收各类传感器(加速踏板位置传感器、换挡传感器、换挡控制执行器)和各类ECU(发动机ECU、蓄电池ECU、制动防滑控制ECU)发出的信号,并根据这些信号计算车辆行驶所需的扭矩和输出功率。逆变器内的MG ECU又根据混合动力车辆ECU的信号,进行增压转换器控制、DC-AC控制、DC-DC控制。逆变器控制如图9-1所示。

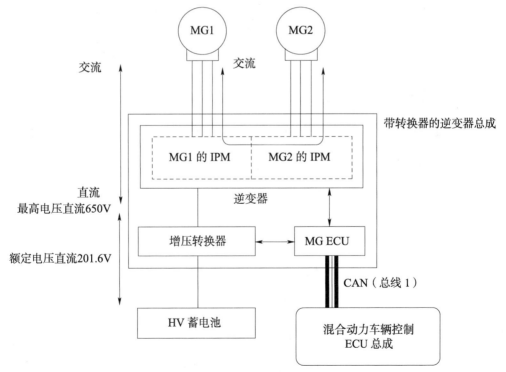

图9-1　逆变器控制示意图

(二)带转换器的逆变器总成的组成

带转换器的逆变器总成电路如图 9-2 所示,其由增压转换器、DC-AC 逆变器、DC-DC 转换器、MG ECU 组成。

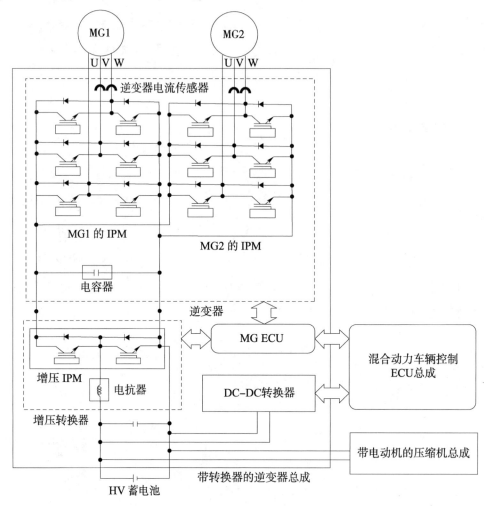

图 9-2 逆变器总成电路图

1. 增压转换器

根据混合动力车辆控制 ECU 总成提供的信号,增压转换器将 HV 蓄电池输出的定额电压 DC 201.6V 增压到最大值 DC 650V。增压转换器包括增压 IPM(集成功率模块),其中内置的 IGBT(绝缘栅极双极型晶体管)进行转换控制。

2. DC-AC 逆变器

根据 HV ECU 提供的功率晶体管控制信号,DC-AC 逆变器将 DC 650V 转换为 AC 650V,控制电动机旋转。关闭发电机(MG1)、电动机(MG2)时,混合动力车辆控制 ECU 总成发送信号到逆变器,同时将发电机(MG1)或电动机(MG2)产生的交流电转变为直流电,为 HV 蓄电池充电。

3. DC-DC 转换器

根据混合动力车辆控制 ECU 总成提供的信号,DC-DC 转换器将 HV 蓄电池输出的额定电压 DC 201.6V 转换为 DC 12V,为辅助蓄电池充电。

4. MG ECU

MG ECU 根据混合动力车辆控制 ECU 总成提供的信号,控制 DC-AC 逆变器和增压转换器,以驱动发电机(MG1)和电动机(MG2)。

(三)逆变器冷却系统

1. 逆变器冷却系统的作用

逆变器将来自 HV 蓄电池的增压高压直流电转换为输入 MG2 和 MG1 的交流电过程中,会产生热量。这些热量需要散出,如果只依靠发动机冷却系统,容易损坏逆变器、MG2 和 MG1。因此,采用独立的冷却系统对带转换器的逆变器总成、MG1 和 MG2 进行冷却。同时,混合动力车辆控制 ECU 总成监视电动水泵、散热器冷却风扇工作并检测其故障。

2. 逆变器冷却系统的组成

逆变器冷却系统由逆变器水泵总成、散热器总成、逆变器储液罐总成和若干传感器组成,如图 9-3 所示。

图 9-3　逆变器冷却系统

3. 逆变器冷却系统的检查

(1)检查逆变器冷却液是否泄漏(采用散热器盖检测仪测系统压力)。

(2)检查逆变器储液罐内的冷却液液位(正常液位应位于 max 和 min 刻度线之间)。

(3)检查储液罐盖(为避免烫伤,在冷却液很烫时不得拆下)。

丰田卡罗拉混合动力汽车的冷却液采用丰田原厂超级长效冷却液,容量为 2.1L,颜色呈粉红色。冷却液首次更换里程为 24 万 km,以后每隔 8 万 km 更换一次。

4. 逆变器温度监控

带转换器的逆变器总成有 5 个不同的温度传感器。其中,2 个位于发电机 (MG1) 和电动机 (MG2) 的 IPM 处,2 个位于增压转换器处,1 个位于 HV 冷却液通道,见图 9-4。这些传感器负责检测带转换器的逆变器总成内部区域的温度,并通过 MG ECU 将温度信息传输至混合动力车辆控制 ECU 总成。如果温度过高,MG ECU 将限制逆变器输出,从而防止逆变器过热。

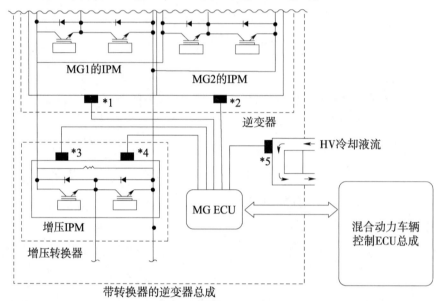

图 9-4 逆变器温度传感器位置图

*1-MG1 的 IPM 上的温度传感器;*2-MG2 的 IPM 上的温度传感器;*3-增压 IPM 上的温度传感器;*4-增压 IPM 上的温度传感器;*5-HV 冷却液温度传感器

5. 逆变器水泵、散热器冷却风扇

逆变器水泵电动机采用的是大功率无刷电动机。水泵电动机由混合动力车辆控制 ECU 总成的占空比信号进行三级控制。散热器冷却风扇 ECM 也由 CAN (总线 1) 获得混合动力车辆控制 ECU 总成的信号,对散热器冷却风扇的工作进行控制,如图 9-5 所示。

二、任务实施

某丰田 4S 店接收一辆 2016 款丰田卡罗拉混合动力汽车,行驶里程 45000km,现出现发动机加速无力,主警告灯点亮。车主告知,车辆在大雨过后,出现此现象。经过诊断,显示故障码"P0C7396 电动机电子器件冷却液泵零部件内部故障"(其含义见表 9-1)。请进行检查,判断该车的逆变器是否正常,并解释原因。

项目四　新能源汽车逆变器检修

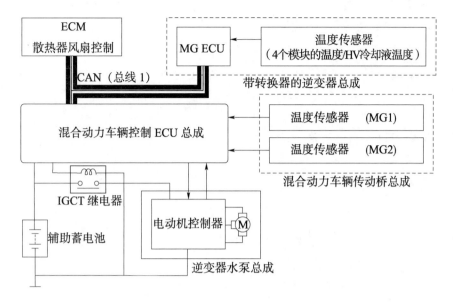

图 9-5　逆变器温度控制图

故障码 P0C7396 的含义　　　　　　　　　　　表 9-1

故障码	故障码含义	故障码检测条件	故障可能发生部位
P0C7396	电动机电子器件冷却液泵零部件内部故障	逆变器水泵总成转速异常高/低、停止1min或更长时间	逆变器冷却系统；带电动机和支架的水泵总成；带转换器的逆变器总成；线束或连接器

(一)准备工作

在新能源汽车检修一体化学习站,准备如下实训设备、仪器设备、工量具:

(1)车辆:2016 款丰田卡罗拉混合动力汽车一辆。

(2)工量具、仪器设备:丰田 GTS 检测仪、绝缘工具、绝缘手套等。

(3)辅助工具:二氧化碳灭火器、碎布、手电筒。

(4)其他材料:丰田卡罗拉混合动力系统维修手册等。

(二)技术要求与注意事项

(1)在进行高压相关操作前,维修人员必须穿戴好劳保用品,戴好绝缘手套,穿好高压绝缘鞋。

(2)在测量电压时,请勿虚接,以免出现打火花现象,造成不必要的财产损失。

(三)操作步骤

(1)用车钥匙打开车门,做好车辆的防护措施。

(2) GTS 检测仪连接到车辆的 DLC3 诊断接口,电源开关置于"ON"位置,并在发动机停止后等待 1min,进入 GTS 菜单。

(3) 观察测试数据,对照维修手册,了解其含义。

(4) 判断实训车辆的什么部件有异常现象,查找维修手册,说明原因。

三、任务工作页

(一) 个人完成以下信息的整理

(1) 查阅维修手册,填写以下内容:

发电机(MG1)逆变器温度的标准值范围_____~_____。

电动机(MG2)逆变器温度的标准值范围_____~_____。

增压转换器温度的标准值范围_____~_____。

逆变器水泵的转速范围_____~_____。

辅助蓄电池的电压范围_____~_____。

(2) 丰田卡罗拉混合动力汽车的冷却液采用丰田原厂超级长效冷却液,容量为_____L,颜色呈_____色。冷却液首次更换里程为_____万 km,以后每隔_____万 km 更换一次。

(3) 根据实物图(图 9-6)填写元件名称:

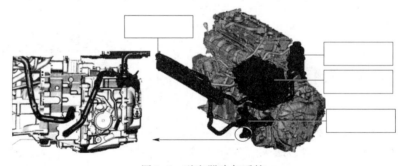

图 9-6 逆变器冷却系统

(4) 查阅教材及其他资料,完成以下内容:

"三不落地"是指_____、_____、_____不落地。

5S 管理是指_____、_____、_____、_____、_____。

安全永远是我们要铭记的准则。在进行电动汽车高压部件检修前,应先关闭_____,断开_____,戴上绝缘手套,拔下_____,并等待_____min 后才能操作。

(二) 小组完成维修方案的制订

根据故障现象,我们需要查阅维修手册、准备工量具,为故障检修做好准备。

小组分工：

步骤一：

步骤二：

步骤三：

步骤四：

四、评价与反馈

学习评价见表9-2。

学 习 评 价 表　　　　　　　　　表9-2

班级_____　　小组_____　　学号_____　　姓名_____

项目 内容	主 要 测 评 项 目	学生自评			
		A	B	C	D
关键能力 总结	1. 遵守纪律,遵守学习场所管理规定,服从安排; 2. 具有安全意识、责任意识,5S 管理意识,注重节约、节能与环保; 3. 学习态度积极主动,能按时参加老师安排的实习活动; 4. 具有团队合作意识,注重沟通,能自主学习及相互协作; 5. 仪容仪表符合学习活动要求				
专业知识 与能力总结	1. 描述元件的名称及作用; 2. 能正确查阅维修手册及其他资料; 3. 能制定完整的故障排除任务实施方案				
个人自评					
小组评价					
教师评价		总评成绩			

教师签字：　　　　　　　　　　　　　　　　日期：

项目五　新能源汽车 CAN-BUS 数据传输系统检修

本项目主要学习新能源汽车 CAN-BUS 数据传输原理、系统检验步骤及注意事项,共一个任务:

学习任务 10　CAN-BUS 系统检修。

通过学习,掌握新能源汽车 CAN-BUS 数据传输原理及检修步骤。

学习任务 10　CAN-BUS 系统检修

 学习目标

1. 了解宝马汽车 CAN-BUS 的工作原理;
2. 能掌握宝马汽车在用总线的种类及特点;
3. 能掌握宝马新能源车辆高压组件的信息传递路径。

 建议课时

12 课时。

 任务描述

在 F15 PHEV 车辆上按要求对 K-CAN、PT-CAN 总线进行波形测量和故障模拟。

一、信息收集

(一)宝马汽车数据总线系统的组成

宝马汽车的数据总线系统原则上分为两组,即主总线系统、子总线系统。

主总线系统负责跨系统的数据交换,子总线系统负责系统内的数据交换。这些系统用于交换特定系统内相对数据量较少的数据。

(1)主总线系统。以太网、FlexRay、K-CAN、K-CAN2、MOST、PT-CAN 和 PT-CAN2。

(2)子总线系统。BSD、D-CAN(诊断 CAN)、LIN、Local-CAN。

(二)宝马汽车各数据总线的特点

1. 车身 CAN(K-CAN)

K-CAN 用于部件的低数据传输率通信。K-CAN 通过中央网关模块也可与其他总线系统连接。一些 K-CAN 中的控制单元使用一根 LIN 总线作为子总线连接。K-CAN 的数据传输率为 100kBit/s,并采用双绞线结构(两根绞合的导线)。K-CAN 可在故障情况下作为单线总运行。

2. 车身 CAN2(K-CAN2)

K-CAN2 用于控制单元的高数据传输率通信。K-CAN2 通过中央网关模块也可与其他总线系统连接。一根 LIN 总线作为子总线连接在 K-CAN2 内的所有控制单元上。K-CAN2 的数据传输率为 500kBit/s,并采用双绞线结构。

3. 传动系 CAN(PT-CAN)

PT-CAN 将发动机控制与变速箱以及安全和驾驶者辅助系统范围内的相连接。通过连接至各个系统的分支线构成线形结构。PT-CAN 的数据传输率为 500kBit/s,并采用双绞线结构。

4. 动力传动系 CAN2(PT-CAN2)

PT-CAN2 是发动机控制范围内的 PT-CAN 的一个冗余,也用于将信号传送至燃油泵控制。PT-CAN2 数据传输率为 500kBit/s,结构是双导线配以辅助唤醒导线。

5. 以太网

以太网是一种供应商中立的、通过电缆连接的网络技术,其使用 TCP/IP(Transmission Control Protocol/ Internet Protocol,传输控制协议/互联网络协议)协议和 UDP(User Datagramm Protocol,用户数据报协议)协议作为传输协议。

6. FlexRay

每个通道最大数据传输率高达 10MBit/s,FlexRay 明显快于现在的车辆中在车身和驱动机构/底盘范围内使用的数据总线。中央网关模块(ZGM)建立不同

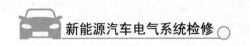

的总线系统和 FlexRay 之间的连接。根据车辆的装备状态在 ZGM 中有一个或两个各带有四个总线驱动器的星形耦合器。总线驱动器将控制单元的数据通过通信控制器传输至中央网关模块(ZGM)。受到限定的数据传输确保每条信息实时传输给定时控制的部件,实时表示在规定的时间内进行传送。

7. MOST 总线系统

MOST 是一种用于多媒体应用的数据总线技术。MOST 总线使用光脉冲用于数据传输,其结构为环形结构。环形结构中的数据传输只沿一个方向进行。只有中央网关模块才能实现 MOST 总线和其他总线系统之间的数据交换。车辆信息电脑用作主控制单元,其余总线系统的网关是中央网关模块。

多数情况下车辆的总线系统(主总线系统和子总线系统)通过一个总体概览表示。每个总线系统都分配有一种颜色(与车辆中电缆的颜色相同)。另外还要考虑总线导线的数量(单线,双线)。

(三) F15 PHEV 数据总线系统的组成

F15 PHEV 总线系统在 F15 总线系统(图 10-1)的基础上对总线系统、子总线系统和控制单元都进行了一定的调整,增加和取消了一些控制单元。由此形成的 F15 PHEV 总线概览如图 10-2 所示。图 10-1、图 10-2 中数字与字母含义见表 10-1。

(四) F15 PHEV 新增控制单元

1. 电机电子装置 EME

电机电子装置(图 10-3)的任务是控制和调节高电压车载网络内的永励式同步电机。为此需要一个双向 DC/AC 转换器将高电压蓄电池单元的高电压直流电压转化为用于电机的三相交流电压。电机处于发电机运行模式时,通过整流器为高电压蓄电池单元重新充电。此外在 EME 内还集成了一个 DC/DC 转换器,用于为低电压车载网络供电。EME 与 PT-CAN、PT-CAN2 和 FlexRay 相连,其作用如下:

(1) 发送碰撞信号的 ACSM 信号导线。

(2) 控制车内空间空调膨胀截止阀。

(3) 高电压触点监控电路输入端和输出端(EME 控制单元分析信号并在电路断路时关闭高电压系统,形成 SME 的冗余)。

(4) 控制电动真空泵。

(5) 控制电动冷却液泵。

(6) 分析电机的转子位置传感器信号。

项目五　新能源汽车CAN-BUS数据传输系统检修

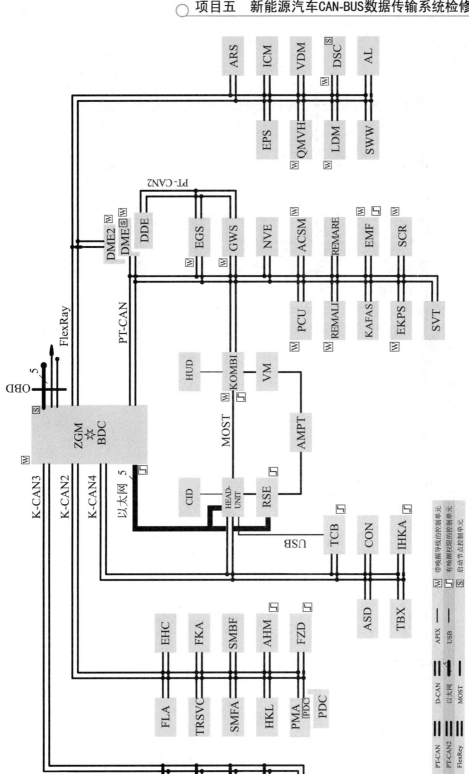

图 10-1　F15 总线概览

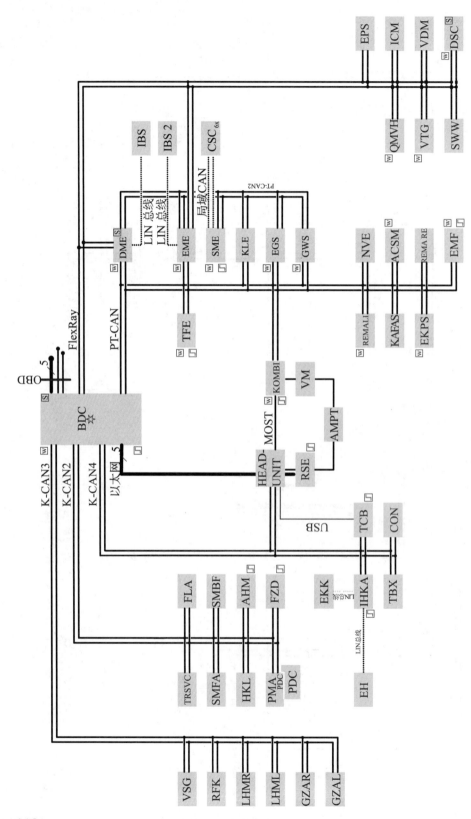

图 10-2 F15 PHEV 总线概览

（7）分析电机的温度传感器信号。

（8）附加蓄电池的智能型蓄电池传感器 IBS2 信号传输。

（9）连接充电接口模块 LIM 的信号导线。

数字与字母含义　　　　　　　　表 10-1

索引	说明	索引	说明
1	启动节点；用于 FlexRay 总线系统启动和同步的控制单元	EMF	电动机械式驻车制动器
2	有唤醒权限的控制单元	EPS	电子助力转向系统（电动机械式助力转向系统）
3	带唤醒导线的控制单元	Ethernet	用于局域数据网络的有线数据网络技术
ACSM	高级碰撞和安全模块	FLA	远光灯辅助系统
AHM	挂车模块	FlexRay	用于汽车的快速实时容错总线系统
AMPT	顶级高保真音响放大器	FZD	车顶功能中心
BDC	车身域控制器	GWS	选挡开关
CON	控制器	GZAL	左侧定向照明
CSC	电池监控电子装置（电池监控电路）	GZAR	右侧定向照明
D-CAN	诊断控制器区域网络	HEADUNIT	Headunit
DME	数字式发动机电子系统	HKL	行李舱盖举升装置
DSC	动态稳定控制系统	ICM	集成式底盘管理系统
EGS	变速器电子控制系统	IBS	智能型蓄电池传感器
EH	电气加热装置	IBS 2	智能型蓄电池传感器2
EKK	电动制冷剂压缩机	IHKA	自动恒温空调
EKPS	电子燃油泵控制系统	K-CAN2	车身控制器局域网络2
EME	电机电子装置	K-CAN3	车身控制器局域网络3

2. 蓄能器管理电子装置 SME

SME 控制单元集成在高电压蓄电池单元内。为了尽可能延长高电压蓄电池单元的使用寿命，SME 控制单元负责在严格规定的范围内（充电状态和温度）运行蓄电池。此外，SME 控制单元还负责启动和关闭高电压系统及安全功能（例如高电压触点监控）以及确定高电压蓄电池单元可用功率。SME 通过 PT-CAN2 与其他控制单元通信。

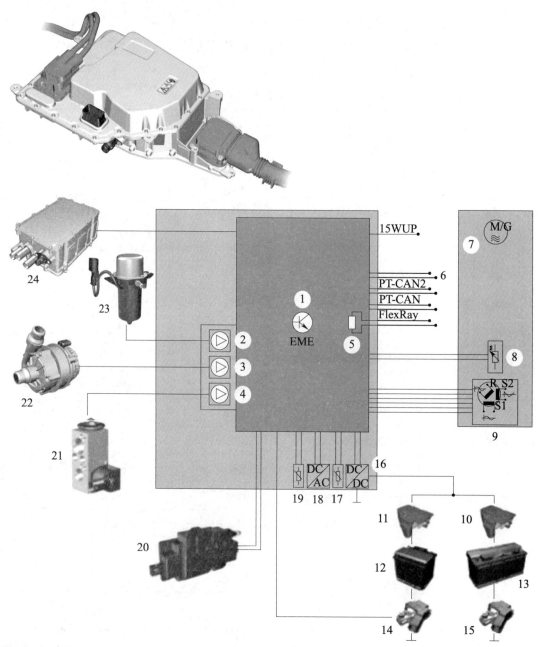

图 10-3 电机电子装置 EME

1-电机电子装置 EME;2-用于控制电动真空泵的输出级;3-用于控制电动冷却液泵的输出级(EME 的冷却液循环回路);4-用于控制截止阀的输出级;5-FlexRay 终端电阻;6-高电压触点监控信号导线;7-电机(整体);8-温度传感器(NTC 电阻)测量电机输出端的冷却液温度;9-转子位置传感器;10-安全型蓄电池接线柱 SBK;11-附加蓄电池安全型蓄电池接线柱 SBK2;12-附加 12V 蓄电池;13-12V 蓄电池;14-智能型蓄电池传感器 2IBS2;15-智能型蓄电池传感器 IBS;16-单向 DC/DC 转换器;17-DC/DC 转换器上的温度传感器(NTC 电阻);18-双向 DC/AC 转换器;19-DC/AC 转换器上的温度传感器(NTC 电阻);20-碰撞和安全模块;21-车内空间截止阀;22-电动冷却液泵(80W);23-电动真空泵;24-便捷充电电子装置 KLE

3. 电池监控电子装置(电池监控电路CSC)

局域CAN使SME控制单元与电池监控电子装置CSC相互连接并通过一个专用局域CAN连接安全盒S-BOX,如图10-4所示。

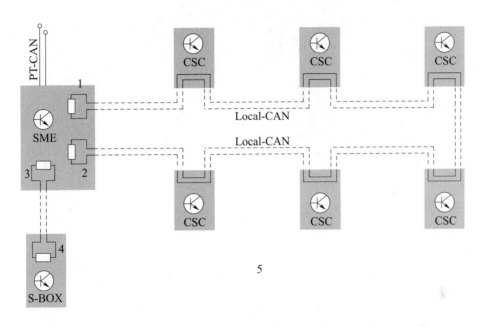

图10-4　F15 PHEV局域CAN系统电路图

1、2-CSC导线束局域CAN终端电阻;3-SME局域CAN终端电阻;4-安全盒局域CAN终端电阻;5-高电压蓄电池单元

为确保F15 PHEV所用锂离子电池正常运行,必须遵守特定边界条件:电池电压和电池温度不允许低于或高于特定数值,否则可能导致电池持续损坏。因此高电压蓄电池单元带有多个称为电池监控电路CSC的电池监控电子装置。共有6个CSC通过1个局域CAN相互通信。局域CAN将所有CSC彼此连接在一起,用于与SME进行通信。此时SME控制单元执行主控功能,它是一个最大12V的低电压导线束。

4. 电动制冷剂压缩机EKK

在F15 PHEV上使用与之前BMW ActiveHybrid车辆一样的电动制冷剂压缩机。为了能够提供所需功率,电动制冷剂压缩机EKK通过高电压驱动。EKK可在所有行驶情况下确保空调系统的制冷剂循环回路通畅。除冷却车内空间外,还通过制冷剂循环回路对高电压蓄电池单元的冷却液循环回路进行冷却(图10-5)。EKK控制单元位于制冷剂压缩机壳体内,通过LIN总线与IHKA连接。

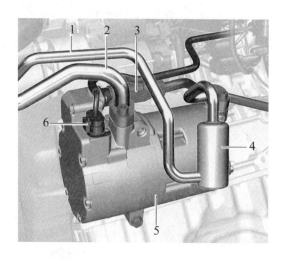

图 10-5　电动制冷剂压缩机 EKK 模型图

1-高温高压气态制冷剂接口(压力管路);2-低温低压气态制冷剂接口(抽吸管路);3-EKK 高电压插头;4-消声器;5-电动制冷剂压缩机 EKK;6-信号插头

由 IHKA 控制单元探测并确定是否需要以及需要多少冷却功率的要求。一方面,冷却车内空间的要求可能直接来自客户;另一方面,SME 控制单元也可能以总线信息形式向 IHKA 控制单元发出冷却高电压蓄电池单元的要求。IHKA 控制单元协调这些冷却要求并通过 LIN 总线起动电动制冷剂压缩机。

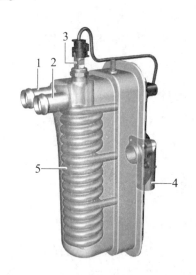

图 10-6　F15 PHEV 电气加热装置 EH 模型图

1-冷却液供给管路接口;2-冷却液回流管路接口;3-电气加热装置输出端冷却液温度传感器;4-高电压插头接口;5-3 个加热线圈

5. 电气加热装置 EH

由于采用混合动力方案,BMW X40e 内燃机在很多行驶情况下产生的余热显著降低,无法使冷却液循环回路加热至所需温度,因此,F15 PHEV 带有一个电气加热装置(图 10-6)。其工作原理与连续加热器基本相同(图 10-7)。EH 控制单元位于电气加热装置壳体内,通过 LIN 总线与 IHKA 连接。IHKA 控制单元通过 LIN 总线发送加热装置接通要求。

6. 智能型蓄电池传感器 2

智能型蓄电池传感器 2 监控附加蓄电池的电流、电压和电极温度。通过 LIN 总线将监控结果传输至 EME。

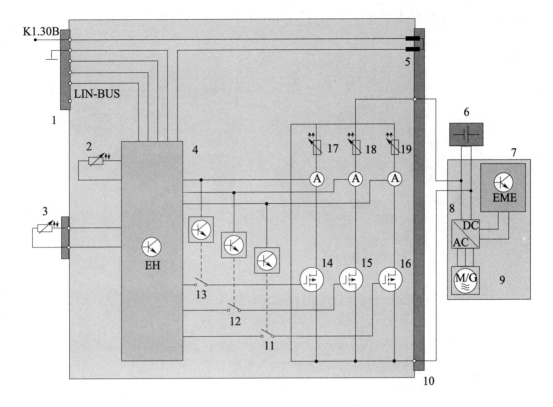

图 10-7　F15 PHEV 电气加热装置的系统方框图

1-低电压插头;2-电气加热装置 EH 控制单元印刷电路板温度传感器;3-回流管路内冷却液温度传感器;4-电气加热装置 EH(控制单元);5-高电压插头内的电桥;6-高电压蓄电池单元;7-电机电子装置 EME;8-EME 内的双向 AC/DC 转换器;9-电机;10-电气加热装置上的高电压插头;11-加热线圈 3 内电流过高时关闭硬件;12-加热线圈 2 内电流过高时关闭硬件;13-加热线圈 1 内电流过高时关闭硬件;14-用于加热线圈 1 的电子开关(Power MOSFET);15-加热线圈 2 的电子开关;16-加热线圈 3 的电子开关;17-加热线圈 1;18-加热线圈 2;19-加热线圈 3

7. 燃油箱功能电子系统 TFE

燃油箱功能电子系统 TFE 通过燃油箱内的压力和温度传感器监控当前运行状态并通过开启燃油箱隔离阀控制压力下降情况。因此,经过清洁的汽油蒸汽可通过活性炭罐进入环境中。此时用于锁止燃油箱盖板的执行机构受控,燃油箱盖板和燃油箱盖可以手动方式打开。

8. 便捷充电电子装置 KLE

通过便捷充电电子装置(图 10-8)可使车辆与交流电网充电站进行通信,从而进行高电压蓄电池充电。可通过所有可自由使用的插接连接件和全球的交流电网来运行便捷充电电子装置。便捷充电电子装置将交流电网电压转化为高电压直流电压,从而为车上的高电压蓄电池单元充电。在驻车状态下,通常是夜间,在车库内进行车辆充电。在此必须根据可提供的交流电网功率对充电过程进行调节。

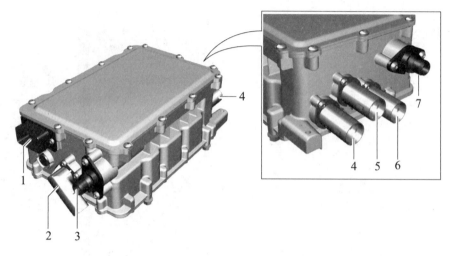

图 10-8 便捷充电电子装置 KLE

1-低电压接口;2-充电盖板高电压接口;3-回流至冷却系统;4-电机电子装置高电压接口;5-电气加热装置高电压接口;6-电动制冷剂压缩机高电压接口;7-从电机电子装置供给

此外,便捷充电电子装置还带有用于电动制冷剂压缩机 EKK 和电气加热装置 EH 的高电压接口。因此只要充电电缆与交流电网相连就会在不汲取高电压蓄电池单元能量的情况下通过冷却或加热对车辆进行预先空气调节。此外,便捷充电电子装置还控制充电插头和充电盖板的锁止装置。充电插头周围的照明和显示装置也通过便捷充电电子装置进行控制。便捷充电电子装置以高于 94% 的效率运行。这些高功率输出端产生的热量又可能会使其他组件例如电子控制装置形成危险。因此,必须对相应组件进行充分冷却。所以,将便捷充电电子装置接入电机电子装置的冷却液循环回路内。

在便捷充电电子装置上总共有四个高电压接口,用于连接至其他高电压组件的导线。高电压接口见表 10-2。

高电压接口表　　　　表 10-2

连接组件	触点数量/电压形式/屏蔽层
电动制冷剂压缩机	2 芯/直流电压/2 根导线 1 个屏蔽层
电气加热装置	2 芯/直流电压/2 根导线 1 个屏蔽层
充电接口(交流电充电)	2 芯/交流电压/2 根导线 1 个屏蔽层
便捷充电电子装置(交流电充电)	2 芯/交流电压/2 根导线 1 个屏蔽层

9. 车辆发声器 VSG

VSG 控制单元在 50km/h 以下车速时产生噪声,从而在纯电动行驶期间引起其他道路使用者的注意。某些国家(例如中国、日本、韩国)法规要求使用车辆发声器(图 10-9),因此安装情况根据具体国家型号而定。

图 10-9 车辆发声器 VSG

(五) 调整的控制单元

为了能在所有运行状态下控制电动制冷剂压缩机 EKK,F15 PHEV 车型对 IHKA 单元在总线上的位置进行了相应调整。EKK 控制单元通过 LIN 总线与 IHKA 连接。

为了能够显示行驶准备、电动行驶、制动能量回收利用和高电压蓄电池单元充电状态等其他与行驶相关的内容,F15 PHEV 车型对 KOMBI 单元在总线上的位置进行了相应调整。此外,在检查控制信息中增加了混合动力特有信息。

数字式发动机电子系统 DME 的软件针对电机/内燃机扭矩协调进行了相应调整。

全世界所有混合动力车辆都要求配备翻车识别装置,以便发生翻车事故时停用高电压系统。通过集成在 ICM 控制单元内的传感器(滚动速率传感器和垂直加速度传感器)实现翻车识别功能。ACSM 针对传感器信号分析进行了相应调整。附加蓄电池的安全型蓄电池接线柱可根据需要由 ACSM 触发。

动态稳定控制系统 DSC 的软件也针对能量回收式制动进行了相应调整。其中包括读取直接与 DSC 控制单元连接的制动踏板行程传感器信号。

EGS 控制单元针对调整后的变速箱进行了相应调整。例如电动变速箱油泵通过 EGS 控制单元进行控制。

由于调整了总线端控制(行驶准备),因此对 CAS 控制单元内的软件也进行了相应调整。

二、任务实施

在 F15 PHEV 车辆上按要求对 K-CAN、PT-CAN 总线进行波形测量和故障模拟。

（一）准备工作

在 F15 PHEV 车辆上按要求对 K-CAN、PT-CAN 总线进行波形测量，并准备如下实训设备、仪器设备、工量具：

（1）车辆：F15 PHEV 宝马汽车一辆。

（2）工量具、仪器设备：K-CAN、PT-CAN 测量用适配器，ISTA 诊断电脑，IMIB 测量仪。

（3）辅助工具：二氧化碳灭火器、碎布、手电筒。

（二）技术要求与注意事项

（1）在进行相关测量前，维修人员必须确认适配器正确连接到位。

（2）在测量电压时，请勿虚接，以免出现短路，造成不必要的财产损失。

（三）操作步骤

（1）断开所有外接充电设备，关闭点火开关，等车辆休眠后拔出高压安全开关并上锁。

（2）打开点火开关，确认高压电已断电，关闭点火开关，断开低压蓄电池负极，用布包好以防接通。

（3）连接好 K-CAN、PT-CAN 测量用的适配器，连接蓄电池负极，打开点火开关。

（4）在相关端子上对 K-CAN、PT-CAN 进行相关测量。

三、任务工作页

（一）根据自己掌握的知识，写出 F15 PHEV 系列车型采用的总线名称

（二）请在实车完成 K-CAN 的总线测量和故障模拟

（1）K-CAN 正常工作时，用万用表电压挡分别测量 CAN_H 和 CAN_L 的电压，记录结果。

(2) K-CAN 正常工作时,使用示波器测量 CAN_H 和 CAN_L 的波形,并记录电压特性。

(3) 使用示波器测量 K-CAN 休眠后的波形,并记录电压特性。

(4) 如何从车上判断 K-CAN 已经休眠?

(5) 将 K-CAN 的 CAN_H 对地或者对电源短路,断开一个模块的 K-CAN_H 针脚,执行快测,查看有何结果。

(6) 将 K-CAN 的 CAN_H 和 CAN_L 互相短路,执行快测,查看有何结果。

(7) 将 K-CAN 的 CAN_H 和 CAN_L 都设置线路故障(四种情况均可:H 对地,L 对地;H 对电源,L 对电源;H 对地,L 对电源;H 对电源,L 对地),执行快测,查看有何结果?

(8) 通过以上故障模拟,你有何发现?

(三)请在实车完成 PT-CAN 的总线测量和故障模拟

(1) PT-CAN 正常工作时,用万用表电压挡分别测量 CAN_H 和 CAN_L 的电压,记录结果。

(2) 断电,使用万用表测量 PT-CAN 间的电阻值,记录测量结果。

(3) PT-CAN 正常工作时,使用示波器测量 CAN_H 和 CAN_L 的波形,并记录电压特性。

(4) 使用示波器测量 PT-CAN 休眠后的波形,并记录电压特性。

(5) 将 PT-CAN 的 CAN_H 对地或者对电源短路,断开一个模块的 PT-CAN_H 的针脚,执行快测,查看有何结果。

(6) 将 PT-CAN 的 CAN_H 和 CAN_L 互相短路,执行快测,查看有何结果。

(7) 车辆唤醒以及点火开关关闭后,PT-CAN 能否继续运行?

(8)通过以上故障模拟,你有何发现?

四、评价与反馈

学习评价见表10-3。

学 习 评 价 表　　　　　　　　　　　　　　表10-3

班级_____　小组_____　学号_____　姓名_____

项目 内容	主 要 测 评 项 目	学 生 自 评			
		A	B	C	D
关键能力总结	1.遵守纪律,遵守学习场所管理规定,服从安排; 2.具有安全意识、责任意识、5S 管理意识,注重节约、节能与环保; 3.学习态度积极主动,能按时参加老师安排的实习活动; 4.具有团队合作意识,注重沟通,能自主学习及相互协作; 5.仪容仪表符合学习活动要求				
专业知识与能力总结	1.描述元件的名称及作用; 2.能正确查阅维修手册及其他资料; 3.能制订完整的故障排除任务实施方案				
个人自评					
小组评价					
教师评价		总评成绩			

教师签字:　　　　　　　　　　　　　　　　　　　日期:

参考文献

[1] 朱凯,程章. 新能源汽车安全与舒适系统检修[M]. 天津:天津科学技术出版社,2015.
[2] 龙纪文,许昕. 混合动力汽车检修[M]. 上海:华东师范大学出版社,2018.
[3] 北汽新能源汽车公司内部培训资料.
[4] 广汽新能源汽车公司内部培训资料.
[5] 宝马新能源汽车公司内部培训资料.